この1冊ですべてわかる

# コーポレート
# ガバナンスの基本

The Basics of Corporate Governance

㈱日本総合研究所

## 手塚貞治 [編著]

Tezuka Sadaharu

日本実業出版社

# はじめに

　近年「コーポレートガバナンス」という言葉が注目を集めています。金融庁による「コーポレートガバナンス・コードの策定に関する有識者会議」（座長・池尾和人慶應義塾大学経済学部教授）が取りまとめた「コーポレートガバナンス・コード原案」（2015年3月5日）を受けて、東京証券取引所が「コーポレートガバナンス・コード」の整備を行ない、2015年6月1日から適用を開始しています。

　その一方で、企業不祥事は後を断ちません。不適切会計や粉飾決算といった会計面ばかりでなく、品質問題やデータ偽装等の本業自体での不祥事も、報道で知るところです。

　コーポレートガバナンスというと、とかく株主との関係性から、取締役会や社外取締役など機関設計ばかりに着目されがちです。企業の法的な所有者である株主の利益を最大化するために、経営陣をうまく働かせる仕組みというとらえかたです。「あれは、上場企業だけのものだろう」という見方もあるようですが、それは、コーポレートガバナンスの狭義の意味での理解でしかありません。

　前述の「コーポレートガバナンス・コード原案」でも、「コーポレートガバナンス」とは、「会社が、株主をはじめ顧客・従業員・地域社会等の立場を踏まえた上で、透明・公正かつ迅速・果断な意思決定を行うための仕組みを意味する」としています。つまり本当の意味では、ゴーイングコンサーンとして株主以外のステークホルダーとも共存共栄していくという姿勢が大切であり、その姿勢を体制として構築していかない限り、本当の意味で企業活動を望ましい方向にもっていくことはできないのです。このように、「コーポレートガバナンス」とは、上場・非上場に関係なく、企業組織であれば必ず考慮しなければならないものなのです。

したがって本書では、コーポレートガバナンスを「多様なステークホルダーとの共存共栄によって、企業活動を望ましい方向に進ませる仕組み」ととらえます。つまり、コーポレートガバナンスにおいても、CSR（Corporate Social Responsibility：企業の社会的責任）的な観点が不可欠ということです。そこで本書では、CSR的観点も見据えた形でコーポレートガバナンスのありかたを紹介してまいります。

　第1章では、コーポレートガバナンスの歴史を振り返ります。なぜ現在のような制度ができたのか、ここに至るまでの背景を明らかにしていきます。

　第2章では、コーポレートガバナンスの概要について、おもに2015年に制定された「コーポレートガバナンス・コード」の観点を踏まえて紹介します。上場企業を想定しているものではありますが、その本質は上場・非上場に関わるものではありません。非上場企業であっても、決して無視できない内容です。それぞれの原則の意味するところを解説したうえで、私ども（株式会社日本総合研究所）が実施したアンケート結果から企業サイドの運用状況を紹介します。

　第3章では、まず株主との関係性でコーポレートガバナンスをとらえます。取締役や監査役のありかたなど、具体的な機関設計について、ここで解説します。非上場企業であっても、必ずしもオーナー一族だけで保有しているとは限りません。このような機関設計は、どのような企業でも知っておくべきことです。

　第4章では、従業員との関係性でコーポレートガバナンスをとらえます。ここには2つの観点があります。第一は、従業員を企業の内部ととらえ、企業のリスク管理を担う役割として見る観点です。情報漏えいの問題や内部通報制度などがここに関係します。第二は、従業員を企業のステークホルダーととらえ、従業員満足向上を考える観点です。そのために必要となるワークライフバランスやダイバーシティ等のトピックスについても、この章で説明していきます。

　第5章では、消費者との関係性でコーポレートガバナンスをとらえます。商品の品質問題や情報隠蔽、データ偽装等の不祥事がなぜ起こるの

か、それを防止する仕組みをどう築くのか、ここで考えていきます。

　第6章は、債権者との関係性でコーポレートガバナンスをとらえます。日本におけるメインバンク制は従来ほど強固ではないという指摘もありますが、負債調達の相手としての銀行・金融機関は、依然として重要です。エクイティによる調達に制約のある非上場企業であれば、なおさらです。債権者である銀行・金融機関とどのように関係性を築くべきなのか、ここで考えていきます。

　第7章は、CSRとの関係性でコーポレートガバナンスをとらえます。地域社会や環境との共存共栄も企業に求められることです。

　第8章は、CSVとの関係性でコーポレートガバナンスをとらえます。CSV（Creating Shared Value：共通価値の創造）とは、競争戦略の大家ポーターが提唱した概念であり、自社の事業を通じてさまざまな社会的課題を解決していこうという考え方です。コーポレートガバナンスにとっても、今後のあり方の示唆となり得ると考えます。

　本書は、このように多面的な観点からコーポレートガバナンスをとらえるものであり、上場・非上場に関わらずあらゆる企業の方々に関心をもっていただけるものと思います。本書がみなさまにとり、事業運営や日々の仕事を進めるうえで何らかの一助となるようでしたら、著者として望外の幸せです。

2017年1月
著者を代表して
手塚貞治

この1冊ですべてわかる
コーポレートガバナンスの基本　目次

はじめに

# 第1章　コーポレートガバナンスの基本概念を知る

## 1-1　コーポレートガバナンスとは何か …………………………………………………10
- ■「コーポレートガバナンス＝企業統治」なのか　11

## 1-2　企業と投資家はどう関わってきたか ……………………………………………12
- ■ 高度経済成長における日本的経営（1960年〜70年代）　12
- ■ 企業不祥事への対応（1990年代）　13
- ■ 投資家保護思考の始まり（2000年代〜）　15
- ■ 日本のガバナンス体制整備の動き　18
- ■ 日本型コーポレートガバナンス・コードの制定　19

## 1-3　多様なステークホルダーとの関わり ……………………………………………24
- ■ 日本的経営におけるステークホルダーとの関わり　24
- ■ CSRにおける社会、従業員、消費者への取り組み　25

# 第2章　日本型コーポレートガバナンス・コードとは何か

## 2-1　コーポレートガバナンス・コードの概要 ……………………………………28
- ■ コーポレートガバナンス・コード制定の目的　28
- ■ 非上場企業にとってのコーポレートガバナンス・コード　30
- ■ コーポレートガバナンス・コードの2つの特徴　31
- ■ 5つの基本原則　32
- ■ 上場企業の責務　33
- ■ 開示が必須のコーポレートガバナンス・コード　34

## 2-2　各企業はどう対応し、どう意識しているか ………………………………35
- ■ コーポレートガバナンス・コード対応状況に関する調査概要　35
- ■ コーポレートガバナンス・コード全般についての各社の対応　36

## 2-3　コーポレートガバナンス・コード各原則の概要 ………………………38
- ■ 基本原則1：株主の権利・平等性の確保　38
- ■ 基本原則2：株主以外のステークホルダーとの適切な協働　40
- ■ 原則2－1：中長期的な企業価値向上の基礎となる経営理念の策定　41
- ■ 原則2－4：女性の活躍促進を含む社内の多様性の確保　43
- ■ 基本原則3：適切な情報開示と透明性の確保　44
- ■ 基本原則4：取締役会等の責務　45
- ■ 経営戦略・経営計画の策定・公表とROE　47
- ■ 望ましいROEの数値目標について　51
- ■ 取締役会と経営陣の役割は　52
- ■ 独立社外取締役とは　55
- ■ 原則4－14ほか：取締役等のトレーニング　58
- ■ 基本原則5：株主との対話　61

## 2-4　コーポレートガバナンス・コードを持続的な成長に役立てる …………62
- ■ ガバナンスを整えることで企業の成長は加速する　62

# 第3章　エージェンシー問題と企業リスク

## 3-1　株式会社とコーポレートガバナンス …………………………………………64

- ■ 世界最初の株式会社　64
- ■ 所有と経営の分離がもつ本来の意味　65

## 3-2　エージェンシー問題はなぜ起こるのか　67
- ■ エージェンシー問題とは何か　67
- ■ 身近な例でエージェンシー問題を考える　67

## 3-3　株式会社のエージェンシー問題　71
- ■ 株主から見たエージェンシー問題　71
- ■ 経営陣から見たエージェンシー問題　73

## 3-4　上場企業の機関設計　74
- ■ 株式会社の機関の種類　74
- ■ 上場企業が採用できる組み合わせ　76

## 3-5　機関設計①　監査役会設置会社　77
- ■ 監査役会設置会社の基本構造　77
- ■ 取締役会によるガバナンス　78
- ■ 監査役会によるガバナンス　79

## 3-6　機関設計②　指名委員会等設置会社　80
- ■ 指名委員会等設置会社の基本構造　80
- ■ 取締役会によるガバナンス　81
- ■ 各委員会によるガバナンス　82

## 3-7　機関設計③　監査等委員会設置会社　84
- ■ 監査等委員会設置会社の構造　84
- ■ 取締役会によるガバナンス　84
- ■ 監査等委員会によるガバナンス　85
- ■ 監査等委員会設置会社への移行状況　85

## 3-8　独立社外取締役とは何か　87
- ■ 独立役員の規定と判断要素　87
- ■ 会社法における社外取締役の規定　88
- ■ 独立社外取締役２名以上確保のハードル　89

## 3-9　独立社外取締役の理想と現実　91
- ■ 独立社外取締役の理想　91
- ■ 独立社外取締役の現実　92
- ■ 理想と現実のギャップ　94

## 3-10　攻めのガバナンスを実現するには　95
- ■ 真のエージェンシー問題　95
- ■ 攻めのガバナンスとは　97

## 3-11　非上場企業・オーナー企業におけるガバナンス　99
- ■ オーナー企業におけるガバナンス　99
- ■ 少数株主との関係　99

# 第4章　従業員とコーポレートガバナンス

## 4-1　会社は誰のものか　102
- ■ 会社は株主のもの？　従業員のもの？　102
- ■ ステークホルダーとしての従業員　104

## 4-2　内部通報制度によるチェック機能　105

- ■ 内部通報制度とは　105
- ■ 内部通報制度の制度的な位置づけ　107
- ■ 内部通報制度を社内で機能させるには　109

## 4-3 情報漏えいリスクとコーポレートガバナンス ──────111
- ■ 増大する情報漏えいリスク　111
- ■ ベネッセコーポレーションの例　111
- ■ どのように情報漏えいを防ぐか　113

## 4-4 従業員持株会とコーポレートガバナンス ──────115
- ■ 従業員持株制度とは　115
- ■ 従業員持株会のメリット・デメリット　116

## 4-5 労働組合によるチェック機能 ──────117
- ■ 労働組合とコーポレートガバナンス　117
- ■ 連合とコーポレートガバナンス・コード　118

## 4-6 従業員満足度とコーポレートガバナンス ──────120
- ■ 従業員満足度とガバナンスの関係　120
- ■ 従業員満足の向上が顧客満足を呼ぶ　121

## 4-7 ワークライフバランスがもたらす企業価値向上 ──────122
- ■ ワークライフバランスが登場した背景　122
- ■ なぜワークライフバランスに取り組むべきなのか　125
- ■ 従業員にとってのワークライフバランス　127
- ■ ワークライフバランス実現事例　127
- ■ メンタルヘルスの改善　128
- ■ トータルでのワークライフバランスの実現　129
- ■ 環境整備のその先　130

## 4-8 ダイバーシティ・マネジメントをどう進めるか ──────131
- ■ ダイバーシティとは　131
- ■ ダイバーシティが企業にもたらすメリット　131
- ■ ダイバーシティに関する各種規定と推進の実態　132
- ■ ダイバーシティ推進支援策①　全社員向け制度の整備　133
- ■ ダイバーシティ推進支援策②　高齢者　136
- ■ ダイバーシティ推進の課題　137
- ■ 従業員に関する情報の開示とコーポレートガバナンス　137

# 第5章 消費者とコーポレートガバナンス

## 5-1 コーポレートガバナンスは企業理念を実現する仕組み ──────140
- ■ 強まる消費者・世論による企業監視　140

## 5-2 消費者に対する社会的責任と消費者課題 ──────142
- ■ ISO26000が示す「課題」と「原則」　142

## 5-3 消費者の安全に対する責任とガバナンス上の問題 ──────144
- ■ 雪印集団食中毒事件の経緯　144
- ■ 雪印集団食中毒事件から見るガバナンス上の問題　147
- ■ GM社による欠陥放置問題の概要　148
- ■ GM社大規模リコールから見るガバナンス上の問題　149

## 5-4 正しい情報提供への責任 ──────150
- ■ VW社の排ガス不正問題の経緯　150

- ■ VW社の排ガス不正に見るガバナンス上の問題　151
- ■ 雪印食品牛肉偽装事件発生の経緯　152
- ■ 雪印食品牛肉偽装事件から見るガバナンス上の問題　154

## 5-5　苦情・クレームへの正しい対応例 ……………………………………………… 155
- ■ ネスレのパーム油問題　155
- ■ ネスレのとった迅速な対応　155

## 5-6　消費者を守るコーポレートガバナンスの構築 ……………………………… 157
- ■ 問題を共有するオープンな組織文化の構築　157
- ■ 自社に対する監督強化　158
- ■ ビジョンと理念の浸透を図る　159

# 第6章　債権者とコーポレートガバナンス

## 6-1　会社にとっての債権者とは ………………………………………………………… 162
- ■ 債権者の種類　162

## 6-2　仕入先・発注先等の重要性を知る …………………………………………… 164
- ■ 発注先管理の重要性　164
- ■ 下請法の適用範囲は　165
- ■ 親事業者の義務　166

## 6-3　金融機関との関係①　金融機関の役割とは ……………………………… 167
- ■ メインバンクの3つの役割　167
- ■ 「ファイナンス機能」と「情報提供機能」　168
- ■ 「モニタリング機能」は金融機関によるガバナンス　169
- ■ モニタリング機能低下の弊害　170

## 6-4　金融機関との関係②　関係構築時における留意点 …………………… 171
- ■ 企業としての方向性を決定しておく必要性　171
- ■ 「地域社会」を意識した活動の重視　171
- ■ 定量的で細かい説明ができる体制の構築　172

## 6-5　金融機関との関係③　シンジケートローン …………………………………… 173
- ■ シンジケートローンにおける金融機関のガバナンス　173
- ■ コベナンツによるガバナンス　174

## 6-6　社債権者との関係 ……………………………………………………………………… 175
- ■ 社債の種類　175
- ■ 社債権者が求めるガバナンス　175

# 第7章　ガバナンスとしてのCSR

## 7-1　CSRとは何か ……………………………………………………………………………… 178
- ■ 一企業市民としての責任　178
- ■ CSRの歴史　179
- ■ SRI・ESG投資　180

## 7-2　CSRガイドラインをどう活用すべきか ………………………………………… 182
- ■ ガイドラインの役割と種類　182
- ■ 国連グローバル・コンパクト　182
- ■ ガイドラインとしてのISO26000　184
- ■ GRIガイドライン　184
- ■ 企業行動憲章　186

**7-3 地域社会とCSR**……………………………………………………………………188
- 地域コミュニティとの関係を強化する　188
- 教育・技術開発・文化振興　189

**7-4 必須となった地球環境問題への取り組み**……………………………………190
- 地球環境問題への取り組みの必要性と環境マネジメント　190
- 環境保全／環境への負荷低減の取り組み　191

**7-5 取引先と健全な関係を保つには**……………………………………………193
- 取引先やサプライヤーとの健全な関係　193
- サプライチェーン全体での責任ある活動　195

# 第8章　CSVでガバナンスは完結する

**8-1 CSVとは何か**………………………………………………………………………198
- 社会問題解決に対するポーター流の答え　198
- CSRとの違いは何か　198
- コーポレートガバナンスとの関係は　200
- CSVの3つの方法　201

**8-2 CSVの3つの方法①　製品と市場の見直し**………………………………202
- 環境関連事業での取り組み　202
- 食農関連事業での取り組み　204
- 少子高齢化対策における取り組み　206

**8-3 CSVの3つの方法②　バリューチェーン生産性の再定義**………………208
- サプライヤーを支援する　208
- 環境負荷低減への取り組み　210
- 従業員の生産性向上への取り組み　211

**8-4 CSVの3つの方法③　地域支援の産業クラスター形成**…………………213
- 海外での地域支援　213
- 国内での地域支援　214

**8-5 中小ベンチャー企業のCSVへの取り組み**…………………………………216
- 社会的課題に取り組む中小ベンチャー　216

**8-6 「CSRからCSVへの脱却」は正しいのか**…………………………………218

索引

カバーデザイン／志岐デザイン事務所（秋元真菜美）
本文DTP／一企画

# 第1章

# コーポレートガバナンスの基本概念を知る

コーポレートガバナンスは一般的に「企業統治」と訳されます。企業が望ましい方向に進むよう統治するには、多様なステークホルダーとの共存共栄が必要です。そのことを考えるうえでも、コーポレートガバナンスの基本概念と、わが国において投資家をはじめとするステークホルダーと企業の関係がどう変遷してきたかを、まず知っておきましょう。

## 1-1 コーポレートガバナンスとは何か

　アベノミクスの3本の矢の1つである成長戦略（「民間投資を喚起する」）の中で、コーポレートガバナンスについての記述が掲げられました。そこではコーポレートガバナンスは「日本の稼ぐ力を取り戻す」施策としてとらえられており、日本のコーポレートガバナンスは新たな段階への変容を求められました。

　そして2015年には日本で初の「コーポレートガバナンス・コード」が制定され、その動きは今後、活発になると考えられています。いま新たな段階への変容と述べましたが、それについてふれる前に、そもそもコーポレートガバナンスとは一体どのようなものなのか、説明します。

図表1-1　企業とステークホルダー

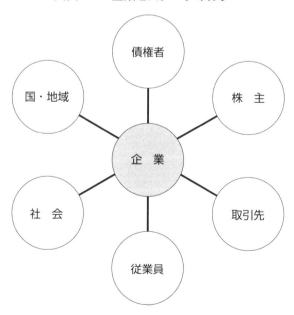

## ☑「コーポレートガバナンス＝企業統治」なのか

　コーポレートガバナンスは一般的に「企業統治」と訳されますが、企業を統治するには経営者と企業だけではなく、さまざまなステークホルダーの存在を意識しなければなりません。企業統治におけるステークホルダーには、企業に資金を提供する債権者や株主、企業の活動の恩恵を受ける顧客や取引先、企業に勤める従業員、ひいては国や地域社会も含まれます（前ページ**図表1-1**）。

　日本における企業統治やステークホルダーとの関わり方は時代とともに変遷してきました。

　企業統治というと、企業の法的な所有者である株主の利益を最大化するために、取締役会や社外取締役など機関設計の整備を行ない、監視役を充実化することなどがおもに着目されがちです。このような取り組みが着目されると、企業統治は上場企業が意識するべきものであると考えられてしまう傾向があります。

　しかしながら上場・非上場に関係はなく、すべての企業があらゆるステークホルダーの存在を意識した企業統治を行なうことが必要です。実際、コーポレートガバナンス・コードの基本原則2（40ページ参照）において、「会社の持続的な成長と中長期的な企業価値の創出は、従業員、顧客、取引先、債権者、地域社会をはじめとするさまざまなステークホルダーによるリソースの提供や貢献の結果であることを十分に認識し、これらのステークホルダーとの適切な協働に努めるべきである」とされており、株主以外のステークホルダーとも共存共栄していくという姿勢が必要視されています。日本におけるコーポレートガバナンス体制が整うまでの道のりを考えるには、投資家との関わり方の変遷はもちろん、他のステークホルダーとの関わり方の登場や変遷を意識しなければならないといえるでしょう。

# 1-2 企業と投資家はどう関わってきたか

## ☑ 高度経済成長における日本的経営(1960年〜70年代)

　前述したとおり、コーポレートガバナンスを考える際にはステークホルダーの存在は欠かせません。

　日本企業とステークホルダーとの関わり方は第二次世界大戦を境に大きく変化します。第二次世界大戦に敗戦した日本の課題は復興と成長であり、そのためには企業の事業活動を活発化させ成長スピードを上げることが重要となりました。その課題を達成するために行なわれていた経営手法は欧米先進国と異なったもので、「日本的経営」と呼ばれるものでした（図表1-2）。

図表1-2　日本的経営における企業とステークホルダー

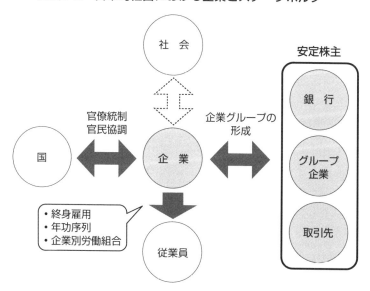

こうして見ると、図表1-1で示した多様なステークホルダーが、経営に介入しない協調的かつ安定的な関係を企業と形成していることがわかります。

このような状況でも、企業に対してガバナンスを発揮できたのが債権者である銀行でした。企業は融資という形で資金支援をする銀行をメインバンクとして取引の交流や役員の親睦を図ることにより、融資系列による企業グループを形成しました。形成された企業グループや銀行は、企業にとって主要な安定株主になりました。また銀行は債権者として企業の健全性や収益性をもとに審査を行なっていました。

このようなメインバンクによる監視をはじめとした体制は、「日本型コーポレートガバナンス」ともいわれていました。このように「モノを言う」資本市場から距離を置いて安定株主である銀行と関わることで、日本企業は自らの事業活動に専念することが可能となり、高度経済成長を成し遂げることができたのでした。

しかしながら急激な経済成長の結果、さまざまなひずみが露呈してきました。その動きが大きくなるきっかけになったのが、以前から問題視されていた産業公害の表面化です。水俣病やイタイイタイ病に代表される公害問題は企業スキャンダルとして世間での反企業ムードに火をつけることになりました。このような状況下、1967年に公害対策基本法の制定により、企業に対して有害物質の排出が規制されるなど、環境配慮をはじめとする社会倫理的問題への対応や法令の遵守が強く求められるようになっていきました。

この時期の企業の最大の関心事は事業拡大であり、メインバンク以外のステークホルダーとの関係構築には消極的であったといえます。

## ☑ 企業不祥事への対応（1990年代）

一方、世界では経済・金融のグローバル化が進み、メインバンク中心の間接金融主義は変質を迫られることとなります。国内でも1980年代の外国為替管理法の改正と起債規制の緩和によって、有価証券を発行して

資本市場から資金を調達する直接金融が台頭し始めました。

　直接金融への移行が後押しされた要因は2つ挙げられます。1つは、BIS規制によって銀行が信用リスクを加味されて算出された自己資本比率の達成を求められるようになったことです。これにより銀行はある一定の自己資本をもたなければならず、それまでのような自己資本に比して過剰な貸出しが困難になりました。そこに加えてもう1つの要因であるバブルの崩壊により、状況は一転します。バブル崩壊に伴い不良債権が拡大していき、一部にはいわゆる「貸し渋り」という状況が生まれることとなりました。このような状況をきっかけに、企業には資金の担い手を銀行から多様化させることが求められるようになりました。

　この時期、金融機関や企業での不祥事が相次いで発覚します。証券会社の中には、取引一任勘定での損失補填や、巨額損失の隠蔽を行なっていたところがありました。また多くの企業で総会屋への利益供与や不当配当、不正経理、粉飾決算を行なっていたことが発覚しました。

　間接金融から直接金融へ移行するなかで、資本市場における透明性を高めるべく、企業の不正防止に向けて誰がどのように企業を統治するべきかという観点が求められるようになりました（図表1-3）。

　この事態に対するおもな対処としては、商法や証券取引法の改定によ

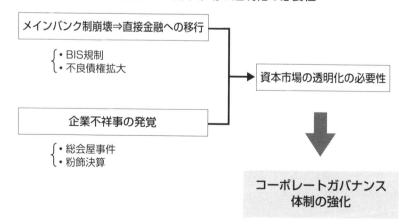

図表1-3　資本市場の透明化の必要性

り該当事項が罰則化されたことに加えて、証券取引等監視委員会の発足、株主による代表訴訟制度の改定、社外監査役、監査役会の導入など企業に対する監督機能の強化が図られました。また1994年に発足したNGO日本コーポレート・ガバナンス・フォーラムが『コーポレートガバナンス原則—新しい日本型企業統治を考える』を1998年に発表し、その最終報告では、社外取締役の導入、取締役会と執行役員会の分離、情報開示の拡充などが日本のガバナンスに必要であるという提言がなされました。

このように、戦後から続いたメインバンクによるガバナンス体制の日本的経営は変質をきたし、従来のものに代わる新たなガバナンス体制の整備が急務となったのです。

**年表① コーポレートガバナンスをめぐる動き（1990年代）**

---

1991年：証券取引法改正

1992年：証券取引等監視委員会発足

1993年：商法改定

　　　　•株主の監督機能強化：代表訴訟制度の改定

　　　　•監査機能の強化：社外監査役、監査役会の導入

1994年：NGO日本コーポレート・ガバナンス・フォーラム発足

1997年：商法改正　利益供与罪の厳罰化

1998年：「コーポレートガバナンス原則—新しい日本型企業統治を考える」
　　　　発表（社外取締役の導入、取締役会と執行役員会の分離、情報
　　　　開示の拡充）

---

## ☑ 投資家保護思考の始まり（2000年代〜）

従来のメインバンクによるガバナンスからの変革が課題となった日本は、諸外国のガバナンス、とりわけアメリカ型コーポレートガバナンスを参考に整備を行なっていきました。

アメリカでは企業と株主のエージェンシー問題解消のためにガバナンス体制を強化していました。エージェンシー問題については第3章で詳

15

しくお話ししますが、一言でいえば、依頼人である投資家と代理人である企業の利害が対立する問題のことです。

　この問題の要因は、投資家と企業ではそれぞれが利益を得るための努力水準が異なることに起因します。アメリカではこの問題の解消に向けて、企業のもつ情報と株主のもつ情報の非対称性を小さくすることに努めていました。具体的には、株主の代わりに取締役会の社外取締役、監査役会における社外監査役、そして会計監査人を経営者に対する監視役として機能させるというものでした。

　このような体制が整う前のアメリカでは社外取締役制度などを規制する法律は存在しておらず、社外取締役制度の導入はあくまで会社の任意に委ねられていました。証券取引委員会は早い時期より社外取締役の採用を奨励しており、ニューヨーク証券取引所は1965年に全上場企業の取締役会に最低2名以上の社外取締役を参加させることを上場規定で定めていました。証券取引委員会のさらなる活動により1978年には経営者から独立した取締役のみで構成される監査委員会の設置を義務づけました。またアメリカにおける財務諸表監査の基準は1933年の証券法、1934年の証券取引所法のもとで制定されていました。

　このように日本ではメインバンクのみが監視役と機能していたのに対して、アメリカではいくつもの機関によるモニタリングがなされていました（次ページ**図表1-4**）。


　日本に比べて監視役が充実しているアメリカではエージェンシー問題は解消され、一見健全な企業体質が形成されていくと考えられていましたが、実は多くの企業スキャンダルが発覚しています。その代表的なものとして、**エンロン事件**が挙げられます。1985年に2つのエネルギー会社が合併して設立されたエンロン社は、合併後に驚異的に業績を伸ばし2000年には営業利益は1,000億ドルを上回る大企業（全米で7位）にまで成長しました。順風満帆に見えたエンロン社ですが、巨額の粉飾決算が発覚し結果的に経営破綻にまで追い込まれます。その影響により多くの投資家にも被害が及びました。

## 図表1-4　アメリカ型コーポレートガバナンスにおけるモニタリング体制

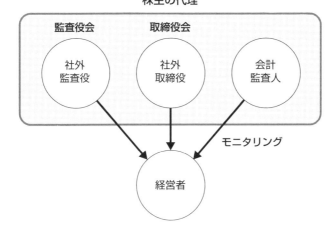

　監視役の充実したアメリカ型コーポレートガバナンス体制のもとで、なぜこのような粉飾決算の事件が発生したのでしょうか。

　エンロン社の社長はエンロン社の多額のストックオプションや株式を保有していました。つまりエンロン社の株価が上がれば多額の報酬を受け取る権利を有していました。そのため投資家に対してエンロン社がどれだけいい会社かをアピールする必要があり、株価を吊り上げるために最終的には多数の関係会社や特別目的会社を用いて複雑な会計操作を行なって、決算を偽装していたのです。

　本来ならば監視役である監査法人がこの偽装に気づくはずです。エンロン社の監査法人であったアーサー・アンダーセン会計事務所は「エンロン社の会計および財務情報開示は、すべての書類において正しい」と報告していました。しかしながらアーサー・アンダーセンはエンロン社から監査報酬以外に多額のコンサルティング費用を得ており、本来の監査業務がゆがめられ、最終的には不正会計に加担していたのです。エンロン社のスキャンダル後も企業のスキャンダルは相次ぎ、アメリカでは対応策として2002年に**サーベンス・オクスリー法（SOX法）**が制定されました。この法律は投資家保護につながる会計ディスクロージャーと

監査制度の強化を目的としたものです。この対策により内部統制の構築・維持が義務化され、内部統制報告書の提出によりその有効性を資本市場に伝えることが課されるようになりました。

## ☑ 日本のガバナンス体制整備の動き

エンロン社の一連のスキャンダルは、アメリカ型コーポレートガバナンスを単純に日本に導入しても、真のガバナンスを構築することは困難であることを示したといえます。そこで日本でもエンロン事件を受けて監督機能の強化が急がれ、矢継ぎ早に法律の改正や新設が行なわれていきました。まず2002年の商法改正で**「委員会等設置会社（のちの指名委員会等設置会社）」**を導入しました。この委員会等設置会社は執行役と取締役を分離し、取締役の過半数を社外役員として指名・報酬・監査の3つの委員会を設けて監督を行なう制度です。これは従来の監査役会設置会社の抱える、執行と監督が明確に分離されておらず監督機能が弱いという課題解決のために、アメリカ型の機関設計に倣い、取締役会の監督機能に主眼を置いた制度となります。

またエンロン事件の大きな要因である監査法人と企業の癒着を防ぐべく、04年に監査法人を監査・監督する「公認会計士・監査審査会」（金融庁）が発足しました。

このような監視役の充実化に加えて内部統制の強化も図られていきます。03年に、企業内容等の開示に関する内閣府令改正により有価証券報告書の「提出会社の状況」の中に「コーポレートガバナンスの状況」が設けられることに加えて、内部統制事項の開示が義務づけられるようになりました。

さらに05年には1899年に施行された商法のうち、旧第2編「会社」規定が廃止されて新たに**「会社法」**が制定されます。この会社法では内部統制システムの一環である「業務の適正を確保するための体制」構築の基本方針を決定することが義務づけられており、内部統制システムの充

実化を促しています。そして06年には従来の「証券取引法」が「金融商品取引法」に改名され、財務報告の信頼性確保のために企業に対して内部統制報告書の正確な作成と監査を受けて提出することを義務づけました。この内容は先ほど述べたサーベンス・オクスリー法の日本版として**J-SOX法**と呼ばれています。

　メインバンクによるガバナンス体制から脱却し、アメリカ型コーポレートガバナンスとその変容を模倣するように、日本のガバナンス体制は整備されていきました。その整備は間接監督機能の拡充や内部統制機能の強化、そしてその情報を投資家へと開示するもので、投資家保護という考えが重要視されるものとなりました。

**年表②　コーポレートガバナンスをめぐる動き（2000年〜）**

---

2001年：エンロン事件（アメリカ）
　　　　商法改正
　　　　監査役機能の強化：取締役会への出席義務づけ、社外監査役の
　　　　増員（半数以上）
2002年：SOX法制定（アメリカ）
　　　　商法改正（委員会等設置会社《のちの指名委員会等設置会社》）
2003年：内閣府令第28号施行（コーポレートガバナンス、内部統制事項
　　　　の開示が義務化、代表者確認書の任意添付）
2004年：監査法人を監視・監督する「公認会計士・監査審査会」が発足
2005年：会社法制定（内部統制システムの一環である業務の適正を確保
　　　　するための体制整備）
2006年：証券取引法の金融商品取引法への改名、J-SOX法（金融商品取
　　　　引法第24条4の4）制定

---

## ☑ 日本型コーポレートガバナンス・コードの制定

　投資家保護のための法整備が整ったことにより、日本のコーポレートガバナンス体制は完成したかのように見えましたが、企業とりわけ経営

陣のマインドは、まだそこに追いついていませんでした。自分の立場を守ろうとする経営陣の中には敵対的買収を恐れ、海外企業やファンド等に対して過剰な防衛策を導入するなどの株主の公平性に反する行為が見られ、投資家サイドからの批判の的となりました。

このような状況を打開するべく、経済産業省は立て続けに「**企業価値報告書**」（2006年）、「**企業価値の向上及び公正な手続き確保のための経営者による企業買収に関する報告書**」（2007年）、「**企業統治研究会報告書**」（2009年）という敵対的買収に対する公正的なルールづくりを目的としたソフトローを公表しました。ソフトローとは法律などのハードローに対して拘束力はなく、あくまで特定の事象に対する基本的な考え方を示すもので、企業経営の効率性を向上させるための指針です。


このように明文化された法規制であるハードローと考え方を示すソフトローの整備をいったん完了した日本にとって、次なる課題はこの両者を国際的に適用度の高いものにすることです。

ハードローにおける国際化の施策は会社法の改定による「社外取締役」と「監査等委員会設置会社」の導入です。社外取締役の強制までは経団連の反対によりできませんでしたが、社外取締役を置かない場合は「社外取締役を置くことが相当でない理由」を事業報告に記載することが求められました。

もう1つの監査等委員会設置会社設置の背景は、従来の監査役制度に対する外国人投資家からの批判にあります。日本の機関設計では前述の「委員会等設置会社」と「監査役会設置会社」のどちらかを選ぶことになっていましたが、両者とも監査役は取締役会における議決権をもたず、経営陣を規律づけて監視する能力がないことを指摘されたのです。このような指摘に対処するべく、取締役3名以上で監査等委員会を構成し、その過半数が社外取締役であるという「監査等委員会設置会社」を導入しました。これにより委員会等設置会社は「指名委員会等設置会社」に改名し、企業はこれらの3つの機関設計から選ぶことになりました。

これらの機関設計において社外取締役に関する規定がなされています。

つまり、強制ではないにしろ社外取締役を導入する必要性が強まったことになったのです。現在はこの監査等委員会設置会社への移行を表明する企業も多くなっています。これらの機関設計の比較については、第3章で詳しく説明します。

　新しい企業設計や社外取締役の導入により、より監視の機能が充実したものへと整備されたハードローに対して、ソフトローはどのように整備されたのでしょうか。2013年の安倍政権による「日本再興戦略〜JAPAN is BACK〜」にて「スチュワードシップ・コード」というソフトローが公表されます。前述の「企業価値報告書」、「企業価値の向上及び公正な手続き確保のための経営者による企業買収に関する報告書」、「企業統治研究会報告書」等のソフトローは企業家向けの指針を示したものでしたが、このスチュワードシップ・コードは、企業に投資をする機関投資家に向けたものでした。

　これまでの投資家の中には、短期的利益に注目し、企業の中長期的な成長戦略とその成果に対しては重きを置いていない者も多かったのが実態です。しかしそのような投資家の姿勢が、中長期的な成長戦略や新規事業に対する企業側の取り組みを妨げていたのも、また事実といえます。前期との比較ばかりに敏感な投資家の前では長期的な投資による業績の低下は好意的に映らず、中長期の安定した株価形成が難しくなります。また、先のリーマンショックの影響、さらには東日本大震災の影響等も重なり、企業サイドでは積極的な投資が見られず、内部留保を積み重ねる状況となりました。その結果、海外企業に対する日本企業の競争力低下が憂慮されることとなり、さらにそれが海外投資家から見た日本企業の魅力低下につながるという、悪循環を生みつつあったのです。

　そこで考えられたのが投資家に向けたソフトローでした。スチュワードシップ・コードでは投資家に対する責任は「企業や事業環境に対する深い理解に基づく建設的な目的を持った対話を通じて、企業価値の向上や持続的な成長を促すことにより顧客・受益者の中長期的な投資リター

ン拡大を図ること」としています。つまり目先の利益ではなく中長期的な企業価値向上のために投資をして、企業に対して活発な成長戦略や新規事業取り組みなどの新陳代謝を後押しする姿勢を示す指針が、スチュワード・コードシップなのです。この投資家向けのソフトロー整備に加えて、2014年から「コーポレートガバナンス・コード策定に関する有識者会議」が開かれ、その会議の主体である金融庁と東京証券取引所から15年に企業家向けのソフトローである「コーポレートガバナンス・コード」が施行される運びになりました（図表1-5）。

　スチュワードシップ・コードによって説明責任を果たし得る経営体制が実現されることを受けて、コーポレートガバナンス・コードは、企業サイドが積極的な成長戦略を実現していくことを後押しすることを目的としています。これにより、いままでに比べて攻めの姿勢のガバナンス体制に変わり、さらなる企業価値の創造が期待できます。これらのコーポレートガバナンス・コードをはじめとするソフトローは原則として実施を、実施しない場合はその理由を説明する義務を背負います。これを「コンプライ・オア・エクスプレイン」といいます。

図表1-5　2つのソフトローによる効果

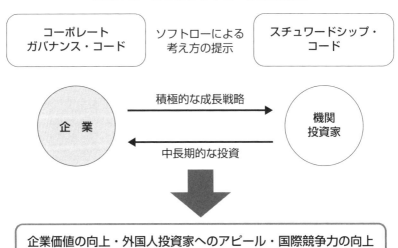

この義務に関して、有識者会議の行なわれた東京証券取引所は有価証券上場規定を一部改正することで規定しています。つまり上場企業でいるためにはコーポレートガバナンス・コードを遵守するか、もしくは遵守しない理由を説明しなくてはならず、企業はコーポレートガバナンスを念頭に置いた活動をすることが求められるようになりました。詳しくは第2章でお伝えします。

日本のコーポレートガバナンス体制は、ここに至って国際的な基準に達したといえるでしょう。日本企業は海外企業に比べて株主の投資に対する儲けの度合いを示すROEが低いなど、国際的に見るとまだまだ魅力は小さいといえます。しかしながら、一連の整備を通じて策定されたスチュワードシップ・コードとコーポレートガバナンス・コードを両輪とした投資家などのステークホルダーと企業との双方向の関わりによって、国際的な存在感を発揮していけると期待されています。

## 年表③　コーポレートガバナンスをめぐる動き（2000年代後半〜）

2006年：「企業価値報告書」

2007年：「企業価値の向上及び公正な手続き確保のための経営者による
　　　　企業買収に関する報告書」

2009年：「企業統治研究会報告書」

2013年：日本再興戦略〜JAPAN is BACK〜三本目の矢「成長戦略」
　　　　スチュワードシップ・コード公表

2014年：コーポレートガバナンス・コード策定に関する有識者会議

2015年：会社法改定。従来の機関設計「監査役設置会社」「指名委員会
　　　　等設置会社」に加えて「監査等委員会設置会社」を追加。
　　　　金融庁＆東京証券取引所『コーポレートガバナンス・コード』
　　　　施行

# 1-3

## 多様なステークホルダーとの関わり

　前節では企業とおもに投資家との関わりを時系列で追ってきました。しかしながらすでに述べたとおり、企業にとってのステークホルダーは投資家だけに限らず消費者や従業員、そして社会に至るまで多岐にわたります。企業が社会的に果たす責任が語られる際に、よく取り上げられるのが文字どおり、**CSR**（corporate social responsibility：企業の社会的責任）です。企業のホームページなどにおいてもCSRの取り組みに関する記述は多く見られます。このCSRに関して、詳しくは第7章で紹介しますが、ここでは、ステークホルダーとしての消費者や従業員と企業の関わり方の変遷とともにCSRが注目されるに至った流れを見ていきたいと思います。

### ☑ 日本的経営におけるステークホルダーとの関わり

　戦後における日本的経営は前節で述べましたが、この時期は他のステークホルダーと企業の関わりはなかったのでしょうか。まず、対従業員に関してですが、そもそも日本の企業は従業員保護の考えが強く、「終身雇用」や「年功序列制度」等、従業員の雇用を守り、そして長く勤務をする従業員への報酬を約束する制度が設けられていました。このような制度は日本的経営として根強く残り、「企業は誰のものか」という議論においてたびたび登場します（詳しくは第4章で説明します）。

　また、この時期の企業のおもな資金調達先は銀行であり、株主がいたとしても銀行や取引先で構成される安定株主が中心でした。いまでこそ株主は消費者の代表という側面をもちますが、この時期は消費者として企業、とりわけ経営に関わりをもつことは困難であったと考えられます。企業は利益至上主義に陥り、環境を顧みない事業活動による公害の激化

や石油ショックに便乗した値上げによる物価の高騰を引き起こしていました。このような事態の結果、世間からは企業不信や企業性悪説が唱えられるようになってしまいました。この時期から本格的に企業に対する社会的責任が問われるようになり、海外で生まれたCSRの考えが注目されるようになりました。

## ☑ CSRにおける社会、従業員、消費者への取り組み

1992年にリオで行なわれた「環境と開発に関する国際連合会議（通称：地球サミット）」を機に地球環境問題や生態系、絶滅危惧種などに対する関心が高まり、環境への取り組みが活発化されました。これに続き、国際標準機構からISO14001「環境マネジメント規格」が96年に発行されました。ISOは国際間の取引をスムーズに行なうための共通基準であり、審査機関による認証を取得することでそのマネジメントシステムに従事していることを世界に示すことが可能になります。

ISO14001では地球環境問題は経営に関わる重要課題として掲げられており、企業活動によって生じる環境への影響を持続的に改善するためのシステムの構築と、そのシステムの継続的な改善を行なうことが要求されるようになりました。これを契機に日本企業には「環境経営」へと転換していくことがさらに求められるようになりました。

このような環境問題に対する企業の責任が世界的に唱えられたのを機に、さまざまなステークホルダーに対する責任が問われるようになりました。そこでISOは2010年に組織の社会的責任に関する国際規格であるISO26000を発行しました。このISO26000は先進国、途上国併せて90か国以上、40を超える国際機関などから、消費者・政府・産業界・労働者・NGO・その他有識者等の6つのカテゴリーからなるステークホルダー・グループが形成され、検討作成されました。ISO26000では、7つの原則として「説明責任」「透明性」「倫理的な行動」「ステークホルダーの利害の尊重」「法の支配の尊重」「国際行動規範の尊重」「人権の尊重」が挙げられ、これらを行動規範として尊重することを求めています。

前節のとおり、グローバルからの目線に、より配慮しなければならなくなった日本企業にとって、この社会的責任への対応が必要となりました。また投資家たちの中には投資基準も企業の中長期的な業績の成長だけでなく、企業のCSRの状況を考慮して行なう「社会的責任投資：SRI投資（Socially responsible investment）」や、環境（Environment）・社会（Social）・ガバナンス（Governance）が、企業に求められる課題として集約されるというESGの考えに基づいた「ESG投資」を行なう投資家も増えてきています。

　これまで日本企業は、世界に比べてCSRやESGへの取り組み、とりわけガバナンスへの取り組みの不足と情報開示への対応不足が課題として挙げられていました。海外ではガバナンス体制は中長期的に企業価値を高める仕組みととらえられ、SRI投資やESG投資のように投資における重要な判断材料とされています。

**年表④　CSRに関わる取り組み**

| |
| --- |
| 〜1960年代：水俣病やイタイイタイ病に代表される公害が激化。企業不信や企業性悪説が唱えられる。 |
| 1967年：公害対策基本法制定 |
| 1992年：リオデジャネイロ地球サミット |
| 1996年：ISO14001環境マネジメントシステムの発行 |
| 2010年：ISO26000CSRの国際規格の発行 |

　今般のコーポレートガバナンス・コードの施行により、日本企業のガバナンス体制は、国際的に並び立てるものになったと考えられるようになりました。しかしながら、国際的に日本企業が存在をアピールし続けるには、対投資家に限らず多くのステークホルダーの存在を念頭に置いた活動をしなければなりません。多くのステークホルダーを意識した企業体制が敷かれれば、日本企業の活動は国内に限らず、外国人投資家にもアピールすることができ「日本の稼ぐ力」を取り戻すことができると期待されるため、今後も継続的な努力が必要であると考えられます。

# 第2章

## 日本型コーポレートガバナンス・コードとは何か

健全な企業家精神が発揮される環境の整備を目的に、東京証券取引所の規則として上場企業に適用されている「コーポレートガバナンス・コード」。本章では、㈱日本総合研究所が実施したアンケート調査をもとに、現実の企業がどう対応しているかを探り、コーポレートガバナンス・コードをどのようにして自社の持続的な成長につなげていくかを考えます。

# 2-1

## コーポレートガバナンス・コードの概要

### ☑ コーポレートガバナンス・コード制定の目的

コーポレートガバナンス・コードは、上場企業にとってのコーポレートガバナンスの原則を示したものとして、東京証券取引所の規則として定められました。2015年6月1日より上場会社に適用されています。

制定の目的は、健全な企業家精神の発揮を促し、会社の持続的な成長と中長期的な企業価値の向上を図ることです。

コーポレートガバナンス・コード前文によると、「コーポレートガバナンス」とは、「会社が、株主をはじめ顧客・従業員・地域社会等の立場を踏まえた上で、透明・公正かつ迅速・果断な意思決定を行うための仕組み」を意味します。コーポレートガバナンス・コードは、「実効的なコーポレートガバナンスの実現に資する主要な原則を取りまとめたもの」であり、コーポレートガバナンス・コードが適切に実践されることは、「それぞれの会社において持続的な成長と中長期的な企業価値の向上のための自律的な対応が図られることを通じて、会社、投資家、ひいては経済全体の発展にも寄与することとなる」とされています。

コーポレートガバナンス・コードについて

> 本コードにおいて、「コーポレートガバナンス」とは、会社が、株主をはじめ顧客・従業員・地域社会等の立場を踏まえた上で、透明・公正かつ迅速・果断な意思決定を行うための仕組みを意味する。
>
> 本コードは、実効的なコーポレートガバナンスの実現に資する主要な原則を取りまとめたものであり、これらが適切に実践されることは、それぞれの会社において持続的な成長と中長期的な企業価値の向上のための自律的な対応が図られることを通じて、会社、投資家、ひいては経済全体の発展にも寄与することとなるものと考えられる。

出所：東京証券取引所『コーポレートガバナンス・コード』

要するに、コーポレートガバナンスの本質は「透明・公正」かつ「迅速・果断な意思決定」により、企業の持続的成長・中長期的な企業価値の向上を図ることです。

　コーポレートガバナンス・コードは、企業の事業活動に制約を課すものではなく、健全な企業家精神の発揮のための環境整備が狙いです。その実現に向け、取締役会等に責務を要請しており、取締役会等はコーポレートガバナンスの確立と経営改革を同時に進めることで、企業価値向上を図ることが可能になります。企業価値向上には財務的な側面だけでなく、企業が社会的責任を果たすことも大きく影響します。

　実務面では、コーポレートガバナンス・コードの各コードへの対応状況、課題抽出を行ない、対応できていなければ実施計画の策定や実施しない場合の説明内容を検討していくことが必要です。ただし、それ以上に経営レベルで大局的な観点から、コーポレートガバナンス・コード全体および重要テーマの検討を進めていくことが重要です。

**図表2-1　コーポレートガバナンス・コードの目的**

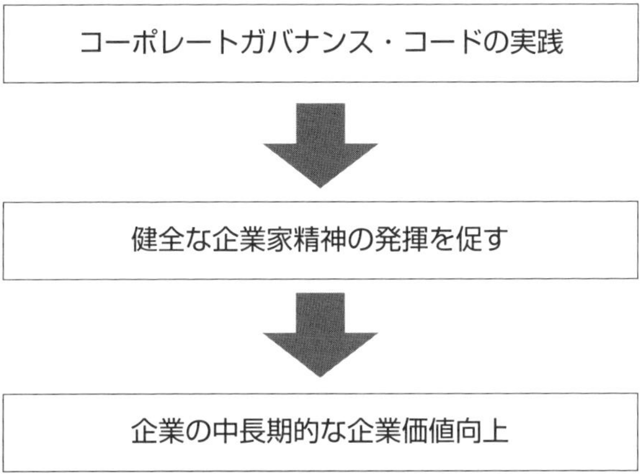

コーポレートガバナンス・コードの実践

健全な企業家精神の発揮を促す

企業の中長期的な企業価値向上

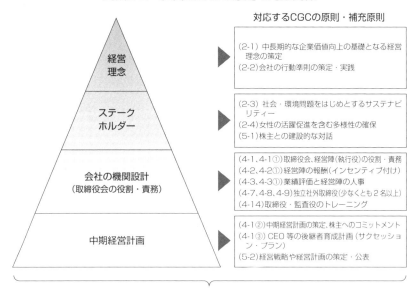

図表2-2　経営とおもな原則の対応関係

## ☑ 非上場企業にとってのコーポレートガバナンス・コード

　コーポレートガバナンス・コードは経営と密接な関係があり、非上場企業にとっても無視できない存在です。非上場企業にとっては、コーポレートガバナンス・コードを活用する意義としては攻めと守りの両面のがあります。

　攻めに関しては、コーポレートガバナンス・コードに対応することで企業の成長に資するといえます。上場企業は社会的影響力が大きいため、企業の健全な発展のためにより高度なコーポレートガバナンスが求められます。非上場企業にとっても、コーポレートガバナンス・コードに倣い、攻めのガバナンス体制に移行することで、より高い社会の期待に応えることが可能になります。

　また、現在非上場の企業が上場を目指す場合は、もちろん上場に向けてコードへの対応が求められます。

守りに関しては、従来からガバナンスの意義としていわれているところの、不祥事やリスクの未然防止、法令順守を推進するという意義があります。また、非上場企業の場合、オーナー企業も多く存在します。経営者と株式の所有者が同じであることは機動的な経営が行なえる一方で、周りの目が行き届かないため独善的な経営に陥るリスクもあります。コーポレートガバナンス・コードへの対応は、このような行き過ぎたワンマン経営への牽制にもなります。

なお、近年では、持株会社体制に移行する企業グループが増えています。そのため、自社が上場しておらずとも、子会社等も含めた「企業グループのガバナンス」の重要性も増しています。

**図表2-3　非上場企業にとってのコーポレートガバナンス・コードの意義**

| 攻め | 守り |
|---|---|
| • 企業成長のため<br>• 将来の上場のため | • 法令順守の徹底<br>• 不祥事の未然防止<br>• ワンマン経営の牽制 |

## ☑ コーポレートガバナンス・コードの２つの特徴

コーポレートガバナンス・コードには「プリンシプルベース・アプローチ」（原則主義）と「コンプライ・オア・エクスプレイン（Comply or Explain）」という２つの特徴があります。

「プリンシプルベース・アプローチ」とは、大枠の原則（プリンシプル）だけを規定する手法で、形式的な文言・記載ではなく、その趣旨・精神に照らして真に適切か否かを判断します。このため、各企業は各社の経営環境に応じて最適なコーポレートガバナンスを構築することが可能です。

「コンプライ・オア・エクスプレイン」とは、各原則について、原則を実施するか、実施しない・できない場合は、その理由を説明することを指します。法的拘束力を有する規範ではありませんが、コーポレート

ガバナンス・コードを実施しない場合、その説明を「コーポレート・ガバナンスに関する報告書」において行なう必要があります。「コーポレート・ガバナンスに関する報告書」は、定時株主総会後「遅滞なく」提出することが求められています。

図表2-4　コーポレートガバナンス・コードの特徴

① 「プリンシプルベース・アプローチ」（原則主義）
　大枠の原則（プリンシプル）だけを規定する手法で、形式的な文言・記載ではなく、その趣旨・精神に照らして真に適切か否かを判断する

② 「コンプライ・オア・エクスプレイン」（実施か説明）
　ルールに従って（comply）実施する、従わない（実施しない）のであればその理由を説明する（explain）という手法

## ☑ ５つの基本原則

　コーポレートガバナンス・コードは、「株主の権利・平等性の確保」「株主以外のステークホルダーとの適切な協議」「適切な情報開示と透明性の確保」「取締役会等の責務」「株主との対話」の５つの基本原則からなります。各基本原則のもとに、原則、その下に補充原則という３層構造になっています。

　原則は全部で73あります。そのうち、「基本原則４　取締役会の責務」にひもづく原則が14と最も多くなっています。補充原則は全部で38あります。

　コーポレートガバナンス・コードの範囲は多岐にわたり、真剣に取り組むためには中長期的な対応が必要になります。

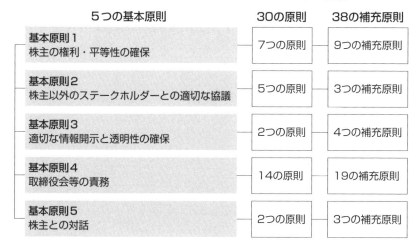

図表2-5　コーポレートガバナンス・コードの構成

## ☑ 上場企業の責務

　東証一部・二部上場企業はすべてのコード、マザーズ・JASDAQ上場企業は基本原則に関しコンプライ・オア・エクスプレインが義務づけられています。コーポレートガバナンス・コードは法令ではありません。そのため、コーポレートガバナンス・コード自体には法的拘束力はありませんが、東証一部、二部の上場会社が、コードの規定内容を実施せず、しかも実施しない理由の説明も怠った場合には、東京証券取引所の「有価証券上場規程」に照らして、改善報告書の提出や上場契約違約金の支払いが求められる可能性があります。

　マザーズ・JASDAQ上場企業は、文字どおりにとらえれば「原則」「補充原則」の実施または実施しないことの説明がなくても直接的な制裁措置等は受けませんが、「コーポレートガバナンス・コードの趣旨・精神」の尊重は求められることに留意が必要です。

　非上場企業は、コーポレートガバナンス・コードの対象ではありませんが、マザーズ・JASDAQ上場企業に準じて、まずは大枠としての基本原則に沿うようにガバナンスの仕組みを整えていくことで、資金提供

者等ステークホルダーからより理解が得られることが期待できます。

図表2-6 「コンプライ・オア・エクスプレイン」が求められる範囲

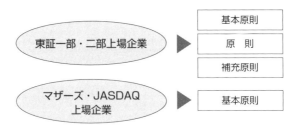

東京証券取引所の「有価証券上場規程」は、コーポレートガバナンス・コードの運用開始に伴い、一部改正され2015年6月1日より適用されています。なお、「コーポレートガバナンス・コード」は「有価証券上場規程」の別添として掲載されています。

## ☑ 開示が必須のコーポレートガバナンス・コード

コードの中には、開示が必須のコードがあります。開示が必須のコードは、原則ないし補充原則の本文中に、「開示すべき」という記載がされています。

図表2-7 開示が必須のコーポレートガバナンス・コード

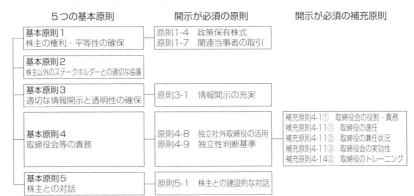

# 2-2 各企業はどう対応し、どう意識しているか

　当社（株式会社日本総合研究所）では、2016年、上場企業に対し、コーポレートガバナンス・コード初年度対応を通じて自社がどのような課題を感じているかについてアンケート調査を行ないました。ここではその結果をもとに運用状況を紹介していきます。参考にしてください。

## ☑ コーポレートガバナンス・コード対応状況に関する調査概要

　コーポレートガバナンス・コードの対応状況に関し、全般、経営戦略や経営計画の策定・公表について、機関設計・取締役会・役員報酬等について、人材活用・人材教育についての大きく4つの質問を行ないました。東証一部・二部上場企業312社から回答を得ています。

**図表2-8　アンケート概要と回答企業の属性**

| アンケート名 | コーポレートガバナンス・コード対応の課題と方針の実態調査 |
|---|---|
| 調査対象 | 2015年11月時点の東証一部・二部上場企業 2416社 |
| 回収状況 | 312社から回答（回収率12.9％） |
| 調査方法 | 郵送調査 |
| 調査期間 | 2016年1〜2月 |
| 調査目的 | コーポレートガバナンス・コード初年度対応を通じてどのような課題を感じられているかを明らかにし、今後のあるべき対応方針について示唆を得る |
| おもな質問内容 | ・コーポレートガバナンス・コード全般について<br>・経営戦略や経営計画の策定・公表について<br>・機関設計・取締役会・役員報酬等について<br>・人材活用・人材教育について |

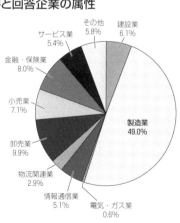

出所：㈱日本総合研究所『コーポレートガバナンス・コード対応の課題と方針の実態調査』
　　　（全体＝312社）

# ☑ コーポレートガバナンス・コード全般についての各社の対応

回答企業のうち、すべてComply（実施）と回答した企業は約12％と少なく、約84％の企業は今後実施する予定あるいは検討中と回答しました（**図表2-9**）。

**図表2-9　コーポレートガバナンス・コードの初年度の開示状況**

| | |
|---|---|
| 1. すべてComply（実施）と開示した | 12.3% |
| 2. Explain（説明）の項目が一部あり、今後実施する予定あるいは検討中と開示した | 83.8% |
| 3. Explain（説明）の項目が一部あり、実施する予定はない（代替手段により目的達成が可能）と開示した | 16.9% |

出所：㈱日本総合研究所『コーポレートガバナンス・コード対応の課題と方針の実態調査』（全体＝302社、※選択肢2、3は複数回答可）

初年度を終えての感想としては、「自社のコーポレートガバナンスのあり方を再検討するよい契機となった」が69.9％と最も高く、次いで、「Comply（実施）としている項目についても、今後より一層の改善・強化が必要と感じた」が60.3％でした（**図表2-10**）。前向きな姿勢でコーポレートガバナンス・コードに対応している企業が多いと考えられます。

一方で、「実際に取り組みの追加や見直しを行なうことで、ガバナンス強化につながる成果があった」は26.6％に留まっており、多くの企業が成果を実感するにはもう少し時間がかかると考えられます。

持続的な成長と中長期的な企業価値向上のために今後取り組むべき課題としては、「取締役会における審議の活性化、取締役会の実効性に関する分析・評価」が最も多く68.3％。次いで、「株主に対するコミットメントを意識した経営戦略や経営計画の策定・公表」が47.1％でした（**図表2-11**）。

### 図表2-10 初年度を終えての感想

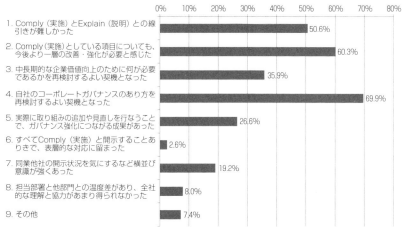

出所：㈱日本総合研究所『コーポレートガバナンス・コード対応の課題と方針の実態調査』
（全体＝312社）

### 図表2-11 持続的な成長と中長期的な企業価値向上のため取り組むべき課題

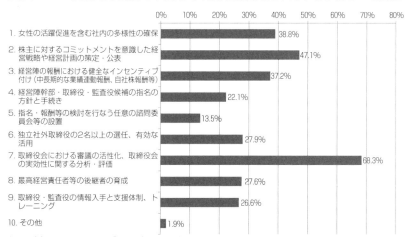

出所：㈱日本総合研究所『コーポレートガバナンス・コード対応の課題と方針の実態調査』
（全体＝312社）

# 2-3

## コーポレートガバナンス・コード各原則の概要

　ここからはコーポレートガバナンス・コードの各原則について、当社の『コーポレートガバナンス・コード対応の課題と方針の実態調査』のアンケート結果を絡めながら解説していきます。

### ☑ 基本原則1：株主の権利・平等性の確保

　上場会社には、株主をはじめ多様なステークホルダーが存在します。ステークホルダーとの適切な関係性が築けなければ、上場会社は持続的な成長を実現することは困難です。ステークホルダーの中でも、資金提供者、つまり株主と債権者は重要であり、とくに株主はコーポレートガバナンスの規律における主要な起点です。

　基本原則1は、**株主の権利・平等性の確保**について定めています。

　株主の権利の確保に関しては、上場企業が株主の権利を実質的に確保するように対応を行なうこと、および株主がその権利を適切に行使することができる環境の整備、つまり株主の権利の行使に配慮し、株主と適切な協議を行なうことを求めています。

　株主の権利とは、株主総会における議決権等を指します（原則1－1）。株主が権利を行使できる環境とは株主総会を指します（原則1－2）。環境の整備とは、株主が総会議案の十分な検討機関を確保することができるよう、株主総会の招集通知を早期に発送する等を指します（補充原則1－2）。

　株主の平等性の確保については、少数株主や外国人株主等、実質的な平等性の確保が脅かされる可能性が高い株主に対しても配慮を行なうことが求められています。これは、会社法上、上場会社は株主を保有する株式の内容および数に応じて平等に扱う義務を負っていることに由来し

ます。株主を平等に扱うことにより、株主から広く支持を得ることができ、それは資本提供者からの支持の基盤を強化することにもつながります。

　非上場企業の場合は、株主が不特定多数ではなく親族や親会社、ベンチャーキャピタル等であることや、必ずしも株主総会を開く必要がないこと等、上場会社との違いはありますが、株主の権利および平等性を確保する必要性は当てはまります。

## 基本原則1

> 　上場会社は、株主の権利が実質的に確保されるよう適切な対応を行うとともに、株主がその権利を適切に行使することができる環境の整備を行うべきである。
> 　また、上場会社は、株主の実質的な平等性を確保すべきである。
> 　少数株主や外国人株主については、株主の権利の実質的な確保、権利行使に係る環境や実質的な平等性の確保に課題や懸念が生じやすい面があることから、十分に配慮を行うべきである。

出所：東京証券取引所『コーポレートガバナンス・コード』（以下同）

## 原則1－1　株主の権利の確保

> 　上場会社は、株主総会における議決権をはじめとする株主の権利が実質的に確保されるよう、適切な対応を行うべきである。

## 原則1－2　株主総会における権利行使

> 　上場会社は、株主総会が株主との建設的な対話の場であることを認識し、株主の視点に立って、株主総会における権利行使に係る適切な環境整備を行うべきである。

## 補充原則1－2②

> 　上場会社は、株主が総会議案の十分な検討期間を確保することができるよう、招集通知に記載する情報の正確性を担保しつつその早期発送に努めるべきであり、また、招集通知に記載する情報は、株主総会の招集に係る取締役会決議から招集通知を発送するまでの間に、TDnetや自社のウェブサイトにより電子的に公表すべきである。

## ☑ 基本原則2：株主以外のステークホルダーとの適切な協働

　企業には、株主以外にも従業員、顧客、取引先、債権者、地域社会等重要なステークホルダーが数多く存在します。株主だけでなく、このようなステークホルダーと良好な関係性がつくれてこそ、企業は継続的に活動していくことが可能になります。

　基本原則2は、**これらのステークホルダーが会社の持続的な成長と中長期的な企業価値の創出に貢献していることを認識すること**を企業に求めています。また、これらのステークホルダーと適切な協働をすることを求めています。

基本原則2

> 　上場会社は、会社の持続的な成長と中長期的な企業価値の創出は、従業員、顧客、取引先、債権者、地域社会をはじめとする様々なステークホルダーによるリソースの提供や貢献の結果であることを十分に認識し、これらのステークホルダーとの適切な協働に努めるべきである。
>
> 　取締役会・経営陣は、これらのステークホルダーの権利・立場や健全な事業活動倫理を尊重する企業文化・風土の醸成に向けてリーダーシップを発揮すべきである。

　地域社会との関わりとしては、近年のグローバルな社会・環境問題等に対する関心の高まりを踏まえ、いわゆるESG（環境、社会、統治）問題への積極的・能動的な対応もこれらに含まれると考えられます（原則2-3、補充原則2-3①）。上場会社のESG（環境・社会・統治）への配慮、とりわけ取締役会における課題の認識と対応が求められています。

　企業がこうした認識を踏まえて適切な対応を行なうことは、社会・経済全体に利益を及ぼすとともに、その結果として、会社自身にさらに利益がもたらされる、という好循環の実現につながります。

原則2－3　社会・環境問題をはじめとするサステナビリティーを巡る課題

　上場会社は、社会・環境問題をはじめとするサステナビリティー（持続可能性）を巡る課題について、適切な対応を行うべきである。

補充原則2－3①　社会・環境問題をはじめとするサステナビリティーを巡る課題

　取締役会は、サステナビリティー（持続可能性）を巡る課題への対応は重要なリスク管理の一部であると認識し、適確に対処するとともに、近時、こうした課題に対する要請・関心が大きく高まりつつあることを勘案し、これらの課題に積極的・能動的取り組むよう検討すべきである。

## ☑ 原則2－1：中長期的な企業価値向上の基礎となる経営理念の策定

　原則2－1では、基本原則2の「ステークホルダーとの適切な協議」の具体的な内容として、上場企業に社会的な責任についての考え方を踏まえ、**経営理念を策定すること**を求めています。

原則2－1　中長期的な企業価値向上の基礎となる経営理念の策定

　上場会社は、自らが担う社会的な責任についての考え方を踏まえ、様々なステークホルダーへの価値創造に配慮した経営を行いつつ中長期的な企業価値向上を図るべきであり、こうした活動の基礎となる経営理念を策定すべきである。

　経営理念は、いうまでもなく上場・非上場問わず、企業の核となる考え方です。経営理念を具体化していくための行動に噛みくだいたものが行動準則です。原則2－2では**行動準則を策定すること**を求めています。また、行動準則を策定するだけでなく、従業員に広く浸透させること、順守させることも求めています。

原則2－2　会社の行動準則の策定・実践

> 上場会社は、ステークホルダーとの適切な協働やその利益の尊重、健全な事業活動倫理などについて、会社としての価値観を示しその構成員が従うべき行動準則を定め、実践すべきである。取締役会は、行動準則の策定・改訂の責務を担い、これが国内外の事業活動の第一線にまで広く浸透し、遵守されるようにすべきである。

図表2-12　経営理念と行動準則

しかし、実態としては、行動準則の社内への浸透が十分にできていないことに課題を感じている企業が一定数存在します。

当社のアンケート調査では、経営戦略や経営計画を策定するうえで基礎となる経営理念について、課題と感じられていることを尋ねたところ、課題を挙げた企業の中では、「行動準則の社内への浸透が十分でない（あるいはよくわからない）」が最も多く、21.2％でした（**図表2-13**）。

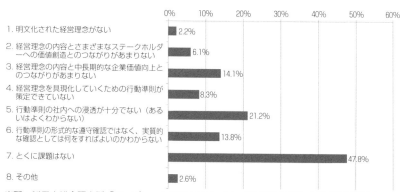

図表2-13　経営理念に関する課題

出所：㈱日本総合研究所「コーポレートガバナンス・コード対応の課題と方針の実態調査」
　　　（全体＝312社）

## ☑ 原則2-4：女性の活躍促進を含む社内の多様性の確保

原則2-4は、社内の多様性確保・多様な働き方を認めることの必要性について述べています。具体的には、女性の活躍促進を含む多様性の確保の推進を求めています。

### 原則2-4　女性の活躍促進を含む社内の多様性の確保

> 上場会社は、社内に異なる経験・技能・属性を反映した多様な視点や価値観が存在することは、会社の持続的な成長を確保する上での強みとなり得る、との認識に立ち、社内における女性の活躍促進を含む多様性の確保を推進すべきである。

当社アンケートで女性の活躍促進を含む社内の多様性の確保について課題を尋ねたところ、「女性だけではなく、外国人や年代の多様性確保にも努める必要がある」が43.3％と最も高く、次いで「一定の制度整備はしているが、実態として女性の活躍等はほとんど進んでいない」が38.1％でした。多様性を女性にとどまらず広くとらえている企業が多いことがうかがえます。また、制度の整備は進んでいても、実際に女性の

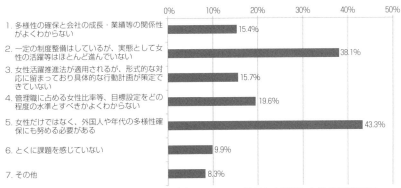

図表2-14　女性の活躍促進を含む社内の多様性の確保に関する課題

出所：㈱日本総合研究所「コーポレートガバナンス・コード対応の課題と方針の実態調査」
（全体＝312社）

活躍等は進んでいないことに課題を感じている企業が多いこともうかがえます。

社内の多様性の確保は、非上場企業にとっても大きな課題です。むしろ、人材が集まりにくい中小企業でこそ、多様な人材を採用し育成し活かしていく取り組みが、今後の存続・成長のうえで重要になります。

## ☑ 基本原則３：適切な情報開示と透明性の確保

基本原則３は、上場企業に対し、株主等の利用者にとってわかりやすく、正確で、情報として有用性の高い情報を主体的に提供することを求めています。つまり、法令で開示が義務づけられている情報以外にも、ステークホルダーにとって有用な情報を積極的に開示していくことを求めています。経営方針等、財務数値以外の定性的な情報の開示がされていることは、株主に安心感を与えるとともに、企業の方針を理解してもらううえでも重要です。

具体的に情報開示を行なうべき事項は、（ⅰ）経営理念、経営戦略、経営計画、（ⅱ）コーポレートガバナンスに関する基本的な考え方と基本方針、（ⅲ）役員報酬決定に当たっての方針と手続き、（ⅳ）経営陣の選任と取締役・監査役候補の指名を行なうに当たっての方針と手続き等です。これらは原則３－１に定められています。

基本原則３

> 上場会社は、会社の財政状態・経営成績等の財務情報や、経営戦略・経営課題、リスクやガバナンスに係る情報等の非財務情報について、法令に基づく開示を適切に行うとともに、法令に基づく開示以外の情報提供にも主体的に取り組むべきである。
>
> その際、取締役会は、開示・提供される情報が株主との間で建設的な対話を行う上での基盤となることも踏まえ、そうした情報（とりわけ非財務情報）が、正確で利用者にとって分かりやすく、情報として有用性の高いものとなるようにすべきである。

原則３－１　情報開示の充実

　上場会社は、法令に基づく開示を適切に行うことに加え、会社の意思決定の透明性・公正性を確保し、実効的なコーポレートガバナンスを実現するとの観点から、（本コードの各原則において開示を求めている事項のほか、）以下の事項について開示し、主体的な情報発信を行うべきである。

（ⅰ）会社の目指すところ（経営理念等）や経営戦略、経営計画
（ⅱ）本コードのそれぞれの原則を踏まえた、コーポレートガバナンスに関する基本的な考え方と基本方針
（ⅲ）取締役会が経営陣幹部・取締役の報酬を決定するに当たっての方針と手続
（ⅳ）取締役会が経営陣幹部の選任と取締役・監査役候補の指名を行うに当たっての方針と手続
（ⅴ）取締役会が上記（ⅳ）を踏まえて経営陣幹部の選任と取締役・監査役候補の指名を行う際の、個々の選任・指名についての説明

　また、これらの情報の開示にあたっては、ひな形的な記述や具体性を欠く記述を避け、利用者にとって有益な記載となるようにすべきことが定められています（補充原則３－１①）。

　非上場企業の場合、開示を求められる情報は上場企業以上に少ないことが想定されます。非上場企業にとっても、法令で求められている以上に積極的かつ有益な情報を積極的に提供していくことは、ステークホルダーとの円滑な協議を行なううえで、また、資金調達を行なううえでも重要です。

## ☑ 基本原則４：取締役会等の責務

　基本原則４は、取締役会の責務を定めています。上場会社の取締役会は、経営陣に対する実効性の高い監督を行なうなど、その役割・責務を適切に果たすべきであるとしています。

基本原則４

> 　上場会社の取締役会は、株主に対する受託者責任・説明責任を踏まえ、会社
> の持続的成長と中長期的な企業価値の向上を促し、収益力・資本効率等の改善
> を図るべく、
> ⑴　企業戦略等の大きな方向性を示すこと
> ⑵　経営陣幹部による適切なリスクテイクを支える環境整備を行うこと
> ⑶　独立した客観的な立場から、経営陣（執行役及びいわゆる執行役員を含
> 　　む）・取締役に対する実効性の高い監督を行うこと
> をはじめとする役割・責務を適切に果たすべきである。
> 　こうした役割・責務は、監査役会設置会社（その役割・責務の一部は監査役
> 及び監査役会が担うこととなる）、指名委員会等設置会社、監査等委員会設置
> 会社など、いずれの機関設計を採用する場合にも、等しく適切に果たされるべ
> きである。

　上場企業は、会社法が規定する機関設計のうち、**監査役会設置会社**、**指名委員会等設置会社**、**監査等委員会設置会社**の３種類のいずれかを選択することとされています。**機関設計とは、取締役会、監査役といった意思決定や業務執行権限のある機関の組み合わせを決めることを指します。**

　各機関設計の詳細な解説は第３章に譲るとして、ここでは概要を記載します。監査役会設置会社は、日本独自の制度で、取締役会と監査役会が別々に存在します。監査役が取締役・経営陣等の職務執行を監査する権限を有しています。指名委員会等設置会社と監査等委員会設置会社は、取締役会内に委員会を設置し、委員会が監査を行ないます。

### 図表2-15　上場企業が選択可能な機関設計

| | 概　要 |
|---|---|
| 監査役会設置会社 | 株主総会の下に、取締役会と監査役会が存在。<br>監査役は取締役・経営陣等の職務執行を監査。 |
| 指名委員会等設置会社 | 株主総会の下には取締役会のみ。取締役会内に、監査委員会がある。 |
| 監査等委員会設置会社 | 2015年に新たに導入された。<br>株主総会の下には取締役会のみであるが、取締役会内の監査当委員会の委員も株主総会で選任・解任される。 |

アンケート調査によると、現状、87.5%の企業が監査役会設置会社を選択しています（**図表2-16**）。いずれの機関設計を選択するにせよ、ここで重要なことは、創意工夫を施すことにより、それぞれの機関の機能を実質的かつ十分に発揮させることです。

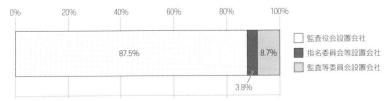

図表2-16　現在、選択している機関設計

出所：㈱日本総合研究所『コーポレートガバナンス・コード対応の課題と方針の実態調査』
（全体＝312社）

## ☑ 経営戦略・経営計画の策定・公表とROE

原則4-1では、取締役会は、会社の目指すところ（経営理念等）を確立し、戦略的な方向付けを行なうこと（原則2-1、2-2）を主要な役割・責務の1つととらえ、具体的な経営戦略や経営計画等について建設的な議論を行なうべきとされています。

補充原則4-1②に基づけば、取締役会は、企業戦略等の大きな方向性を示すこと、つまり、中長期的な企業価値向上の基礎となる、企業の中期方針を示した資料である中期経営計画の策定を求めています。

### 原則4-1　取締役会の役割・責務（1）

> 取締役会は、会社の目指すところ（経営理念等）を確立し、戦略的な方向付けを行うことを主要な役割・責務の一つと捉え、具体的な経営戦略や経営計画等について建設的な議論を行うべきであり、重要な業務執行の決定を行う場合には、上記の戦略的な方向付けを踏まえるべきである。

補充原則4−1②

> 取締役会・経営陣幹部は、中期経営計画も株主に対するコミットメントの一つであるとの認識に立ち、その実現に向けて最善の努力を行うべきである。仮に、中期経営計画が目標未達に終わった場合には、その原因や自社が行った対応の内容を十分に分析し、株主に説明を行うとともに、その分析を次期以降の計画に反映させるべきである。

　原則4−1、補充原則4−1②に関し、当社アンケートで中期経営計画を策定・公表しているかについて尋ねたところ、回答企業全体では、「策定・公表している」が72.8％と多数を占めました。企業規模別にみると、大企業ほど策定・公表している割合が高いことがわかります（**図表2-17**）。

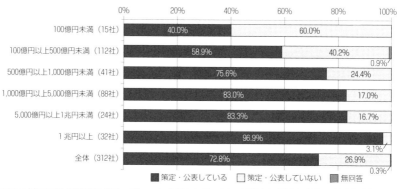

図表2-17　中期経営計画の策定・公表状況

出所：㈱日本総合研究所『コーポレートガバナンス・コード対応の課題と方針の実態調査』（全体＝312社）

　また、中期経営計画も株主に対するコミットメントの1つとして認識することが求められていることに関し、課題を尋ねたところ、「目標未達時の原因分析や、自社が行なった対応内容の分析が十分にはできていない」が28.8％と最も高く、次いで「中期経営計画の内容や原因分析について、どこまで開示すべきかよくわからない」が25.6％でした。開示の範囲について悩む企業が多いことがわかります（**図表2-18**）。

## 図表2-18 中期経営計画の課題

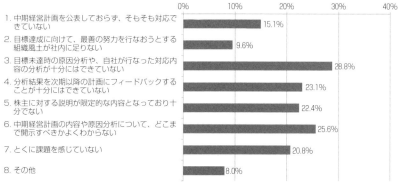

出所：㈱日本総合研究所『コーポレートガバナンス・コード対応の課題と方針の実態調査』
　　　（全体＝312社）

　それでは、中期経営計画の株主に対するコミットメントを高めるうえで、企業はどのような点に気をつけているのでしょうか。「中期経営計画の株主に対するコミットメントを高めるうえで、重要と感じていること」を尋ねたところ、「目標数値の根拠や実現するための施策が十分に説明できるものであること」が63.1％、次いで「中期経営計画の内容が、社内に十分に共有・理解されていること」が59.9％でした（**図表2-19**）。

### 図表2-19　中期経営計画の株主に対するコミットメントを高めるうえで重要と感じていること

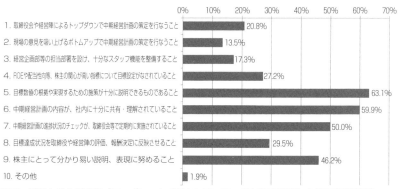

出所：㈱日本総合研究所『コーポレートガバナンス・コード対応の課題と方針の実態調査』
　　　（全体＝312社）

さらに、中期経営計画を策定・公表している企業に対し、数値目標としてどのような指標を公表しているかを尋ねました（**図表2-20**）。

　全体では、「売上高」を策定・公表している企業が最も多く77.1％、次いで「利益額」が72.7％でした。「ROE（自己資本利益率）」は44.5％でした。図示していませんが、企業規模（売上高）別に見ると、売上高5,000億円以上の企業で「ROE」を指標としている割合が50％を超えており、大企業ほどROEを指標に取り入れていることがわかります。

　ROEは収益性を指す指標の1つです。自己資本利益率という名前の通り、当期純利益を自己資本で割って算出され、自己資本が企業の利益にどれくらいつながったかを示しています。ROEが高いほど、自己資本を効率よく使い、たくさんの利益を上げているという目安になります。

### 図表2-20　中期経営計画で策定・公表している数値目標

| 指標 | 割合 |
|---|---|
| 1. ROE（自己資本利益率） | 44.5% |
| 2. ROA（総資産営業利益率） | 13.7% |
| 3. 売上高 | 77.1% |
| 4. 利益額 | 72.7% |
| 5. 売上高利益率 | 35.2% |
| 6. 資産回転率 | 1.3% |
| 7. 自己資本比率等 | 20.7% |
| 8. EVA（経済付加価値）の類 | 0% |
| 9. 資本コスト | 1.3% |
| 10. その他 | 30.0% |

出所：㈱日本総合研究所『コーポレートガバナンス・コード対応の課題と方針の実態調査』
　　　（全体＝「中期経営計画を策定している」と回答した227社）

　ROEと同様、収益性を図る指標にROA（総資産営業利益率）があります。ROAは、事業に投下している資産がどれだけ利益に結びついているかを見る指標です。しかし、ROEやROAを公表している企業も、実態としては、社内の管理指標としては売上高や利益等で管理している企業が60％を超えています（**図表2-21**）。

図表2-21　ROEやROAを社内の管理指標として展開しているか

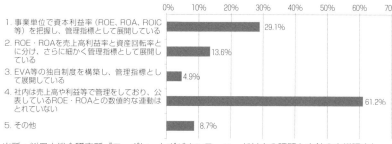

出所：㈱日本総合研究所『コーポレートガバナンス・コード対応の課題と方針の実態調査』
（全体＝「ROEまたはROAを策定・公表している」と回答した103社）

　ROEやROAを社内の管理指標として展開するうえで、課題やうまく機能するためのポイントを聞いたところ、「取締役や経営陣幹部の意識改革」が34.9％、次いで「現業部門の理解と協力」が26.0％でした（図表2-22）。

図表2-22　ROEやROAを管理指標として展開するうえでのポイントとして感じていること

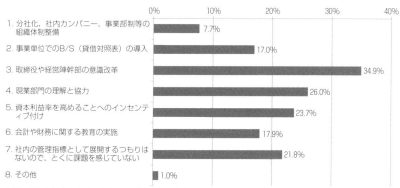

出所：㈱日本総合研究所『コーポレートガバナンス・コード対応の課題と方針の実態調査』
（全体＝312社）

## ☑ 望ましいROEの数値目標について

　2014年度に経済産業省が取り組んだ『持続的成長への競争力とインセ

ンティブ〜企業と投資家の望ましい関係構築〜』プロジェクト（伊藤レポート）の中でも、日本企業が目指すべきROEの水準として8％以上が1つの目安とされています。これは、同プロジェクトにおける調査で、グローバルな機関投資家が日本企業に期待する資本コストの平均が7％超との調査結果が示されたことによります。

同レポートによれば、資本コストとは、「企業と株主・投資家の間にある暗黙の信頼関係、期待、役割と義務を含む財務・非財務両面を総合して企業が認識すべきコスト」であり、それを上回る、つまりROE8％以上を達成することで投資家の期待に応え、企業価値向上につながると考えられています。

図示はしていませんが、当社アンケートでは、ROEの水準として8％以上が1つの目安とされている点について感じていることとして、「ROEを重要な経営指標ととらえているが、目標水準については別途検討すべきと考えている」が50.6％、次いで「ROEを重要な経営指標ととらえ、ROE8％以上を達成すべきと考えている」が20.5％でした。

企業規模により差があり、売上高規模の大きい会社では「ROEを重要な経営指標ととらえ、ROE8％以上を達成すべきと考えている」回答の割合が高く、売上高規模の小さい会社ほど、「当社にはROEは馴染みにくいので、対外的にもROEを経営指標として謳うつもりはない」という回答を選んだ割合が高い結果となりました。

## ☑ 取締役会と経営陣の役割は

原則4－2、4－3では、取締役会と経営陣の役割を分けて考えています。つまり、取締役会は経営の監督、経営陣は執行を担うことが想定されています。

原則4－2では、取締役会は、経営陣による適切なリスクテイク、つまり企業がチャレンジできるよう、支援すべきことが記載されています。

原則4－3では、取締役が独立した客観的な立場から経営陣・取締役に対する監督を行ない、適切な企業業績の評価を行なったうえで、経営

陣の人事に反映すべきことが定められています。つまり、公正かつ透明性の高い手続きに従い、経営陣の選任・解任を行なうことが求められています。

### 原則４−２　取締役会の役割・責務(2)

取締役会は、経営陣幹部による適切なリスクテイクを支える環境整備を行うことを主要な役割・責務の一つと捉え、経営陣からの健全な企業家精神に基づく提案を歓迎しつつ、説明責任の確保に向けて、そうした提案について独立した客観的な立場において多角的かつ十分な検討を行うとともに、承認した提案が実行される際には、経営陣幹部の迅速・果断な意思決定を支援すべきである。

また、経営陣の報酬については、中長期的な会社の業績や潜在的リスクを反映させ、健全な企業家精神の発揮に資するようなインセンティブ付けを行うべきである。

### 原則４−３　取締役会の役割・責務(3)

取締役会は、独立した客観的な立場から、経営陣・取締役に対する実効性の高い監督を行うことを主要な役割・責務の一つと捉え、適切に会社の業績等の評価を行い、その評価を経営陣幹部の人事に適切に反映すべきである。

また、取締役会は、適時かつ正確な情報開示が行われるよう監督を行うとともに、内部統制やリスク管理体制を適切に整備すべきである。更に、取締役会は、経営陣・支配株主等の関連当事者と会社との間に生じ得る利益相反を適切に管理すべきである。

それでは実際には、経営の監督と執行の分離はどの程度進んでいるのでしょうか。「経営の監督と執行の分離」がどの程度進んでいるか尋ねると、「どちらかといえば分離されていない」が46.5％、「ほとんど分離されていない」が18.9％で、合わせて全体の６割以上を占めました。「ほぼ完全に分離されている」企業は6.1％にとどまり、多くの企業にとって監督と執行の分離は今後の課題といえます（次ページ**図表2-23**）。

企業規模別に見ると、売上高規模の大きい企業ほど分離されている傾向が強く、売上高5,000億円以上の企業で「分離されている」「どちらかというと分離されている」が50％を超えています。

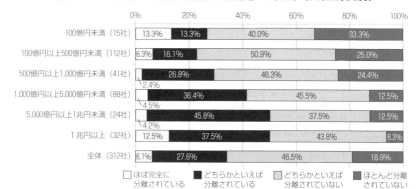

図表2-23 「経営の監督と執行の分離」の状況（会社規模別）

出所：㈱日本総合研究所『コーポレートガバナンス・コード対応の課題と方針の実態調査』
（全体＝312社）

　「経営の監督と執行の分離」を進めるためには、どのような工夫が必要でしょうか。アンケート調査で、「経営の監督と執行の分離」を進めるうえで、有効な手段として実施または検討されていることを尋ねたところ、「業務執行に携わらない取締役や独立社外取締役を増やすこと」が52.9％と最も多く、次いで「執行役員制度等を導入し、執行機能を権限委譲すること」が42.3％でした（**図表2-24**）。

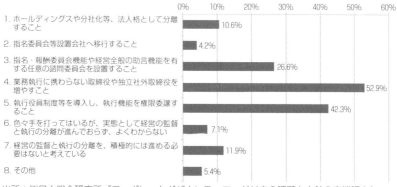

図表2-24 「経営の監督と執行の分離」の状況

出所：㈱日本総合研究所『コーポレートガバナンス・コード対応の課題と方針の実態調査』
（全体＝312社）

「取締役会が、独立した客観的な立場から経営陣・取締役に対する実効性の高い監督を行なううえでの課題やうまく機能するためのポイント」を聞いたところ、「業務執行に携わらない取締役の活用等、経営の監督と執行の分離を促進すること」が59.6％、次いで「監査役および監査役会が能動的・積極的に権限を行使し、取締役会において適切な意見を述べること」が51.9％、「内部統制や内部通報、各種リスク管理体制を整備し、有効に機能するよう運用すること」が51.0％でした（**図表2-25**）。

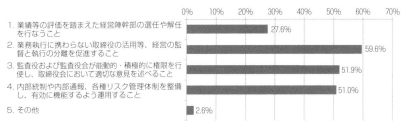

図表2-25　取締役会が、経営陣・取締役に対する実効性の高い監督を行なううえでの課題とポイント

出所：㈱日本総合研究所『コーポレートガバナンス・コード対応の課題と方針の実態調査』
　　　（全体＝312社）

## ☑ 独立社外取締役とは

　原則4－7、原則4－8では、独立社外取締役について定められています。原則4－8では、独立社外取締役の人数まで定められています。具体的には、独立社外取締役は少なくとも2名とされています。

### 原則4－7　独立社外取締役の役割・責務

　上場会社は、独立社外取締役には、特に以下の役割・責務を果たすことが期待されることに留意しつつ、その有効な活用を図るべきである。
（ⅰ）経営の方針や経営改善について、自らの知見に基づき、会社の持続的な成長を促し中長期的な企業価値の向上を図る、との観点からの助言を行うこと
（ⅱ）経営陣幹部の選解任その他の取締役会の重要な意思決定を通じ、経営の監督を行うこと

(ⅲ) 会社と経営陣・支配株主等との間の利益相反を監督すること
(ⅳ) 経営陣・支配株主から独立した立場で、少数株主をはじめとするステークホルダーの意見を取締役会に適切に反映させること。

### 原則4-8 独立社外取締役の有効な活用

独立社外取締役は会社の持続的な成長と中長期的な企業価値の向上に寄与するように役割・責務を果たすべきであり、上場会社はそのような資質を十分に備えた独立社外取締役を少なくとも2名以上選任すべきである。
また、業種・規模・事業特性・機関設計・会社をとりまく環境等を総合的に勘案して、自主的な判断により、少なくとも3分の1以上の独立社外取締役を選任することが必要と考える上場会社は、上記にかかわらず、そのための取組み方針を開示すべきである。

上述のように、コーポレートガバナンス・コードでは、独立社外取締役を2名以上確保することが求められていますが、現状の企業の実態としては、中小規模の会社を中心に1名しかいない企業も多く存在します。

原則4-10によれば、企業は企業の特性に応じて任意の仕組みを活用することにより、統治機能の充実を図るべきことが示されています。たとえば、監査役会設置会社または監査等委員会設置会社であって、独立社外取締役が取締役会の過半数に達していない場合、取締役会の下に独

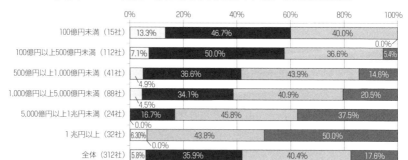

図表2-26 現在の独立社外取締役の人数（企業規模別）

出所：㈱日本総合研究所『コーポレートガバナンス・コード対応の課題と方針の実態調査』
（全体＝312社）

立社外取締役を主要な構成員とする任意の諮問委員会を設置することなどにより、指名・報酬などのとくに重要な事項に関する検討に当たり、独立社外取締役の適切な関与・助言を得るべきとされています（補充原則4－10①）。

## 原則4－10　任意の仕組みの活用

> 上場会社は、会社法が定める会社の機関設計のうち会社の特性に応じて最も適切な形態を採用するに当たり、必要に応じて任意の仕組みを活用することにより、統治機能の更なる充実を図るべきである。

原則4－12は取締役会における意見交換について、原則4－13は、取締役・監査役の情報入手について定めています。

## 原則4－12　取締役会における審議の活性化

> 取締役会は、社外取締役による問題提起を含め自由闊達で建設的な議論・意見交換を尊ぶ気風の醸成に努めるべきである。

## 原則4－13　情報入手と支援体制

> 取締役・監査役は、その役割・責務を実効的に果たすために、能動的に情報を入手すべきであり、必要に応じ、会社に対して追加の情報提供を求めるべきである。
> また、上場会社は、人員面を含む取締役・監査役の支援体制を整えるべきである。
> 取締役会・監査役会は、各取締役・監査役が求める情報の円滑な提供が確保されているかどうかを確認すべきである。

ここまで見てきた取締役会の役割・責務に関し、企業は現状どの程度、役割・責務を果たしているでしょうか。アンケート調査では、企業戦略等の大きな方向性を示すことについては42.9％の企業は「十分果たしている」と回答しました（次ページ**図表2-27**）。

経営陣幹部による適切なリスクテイクをさせる環境整備を行なうこと、独立した客観的な立場から経営陣・取締役に対する実効性の高い監督を行なうことについては「十分果たしている」企業は24.7％でした。この

２項目については、「どちらかというと果たしていない」「ほとんど果たしていない」の割合が20％程度あり、今後の課題と考えられます。

**図表2-27　取締役会が現状果たせている役割・責務**

|  | 企業戦略等の大きな方向性を示すこと | 42.9% | 47.8% | 6.4% | 2.6% | 0.3% |

1. 企業戦略等の大きな方向性を示すこと　42.9%　47.8%　6.4%　2.6%　0.3%
2. 経営陣幹部による適切なリスクテイクを支える環境整備を行なうこと　24.7%　55.1%　15.1%　4.5%　0.6%
3. 独立した客観的な立場から、経営陣・取締役に対する実効性の高い監督を行なうこと　24.7%　53.2%　17.0%　4.8%　0.3%

□十分果たしている　■どちらかというと果たしている　□どちらかというと果たしていない　■ほとんど果たしていない　□無回答

出所：㈱日本総合研究所『コーポレートガバナンス・コード対応の課題と方針の実態調査』（全体＝312社）

## ☑ 原則４−14ほか：取締役等のトレーニング

　独立社外取締役等の社外役員が増えていくなか、取締役・監査役のトレーニングが今後、重要な要素となります。

　原則４−14で取締役・監査役のトレーニングについて定められています。また、トレーニングの方針については開示を行なうべきとされています（補充原則４−14②）。

原則４−14　取締役・監査役のトレーニング

> 　新任者をはじめとする取締役・監査役は、上場会社の重要な統治機関の一翼を担う者として期待される役割・責務を適切に果たすため、その役割・責務に係る理解を深めるとともに、必要な知識の習得や適切な更新等の研鑽に努めるべきである。このため、上場会社は、個々の取締役・監査役に適合したトレーニングの機会の提供・斡旋やその費用の支援を行うべきであり、取締役会は、こうした対応が適切にとられているか否かを確認すべきである。

　企業が取り組んでいる取締役・監査役のトレーニングとしては、『1.自社の事業に関する教育』『6.ハラスメントやコンプライアンスに関する教育』『9.業界団体、異業種交流会等への参加』は「実施している内

容を継続したい」が約50％以上を占め、実施しており、かつ継続意向が高い内容といえます（**図表2-28**）。

「実施していないが、将来的には実施したい」トレーニングとしては、『戦略やマーケティングに関する教育』『会計や財務に関する教育』『グローバルに関する教育』が30％以上を占めています。

なお、トレーニングに関しては、順番は前後しますが、補充原則4－1③では、最高経営責任者等の後継者育成に関する計画の策定および監督について定められています。

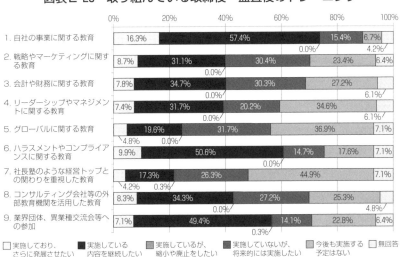

図表2-28　取り組んでいる取締役・監査役のトレーニング

出所：㈱日本総合研究所『コーポレートガバナンス・コード対応の課題と方針の実態調査』（全体＝312社）

### 補充原則4－1③

> 取締役会は、会社の目指すところ（経営理念等）や具体的な経営戦略を踏まえ、最高経営責任者等の後継者の計画（プランニング）について適切に監督を行うべきである。

後継者の育成は、とくに中小企業にとって大きな課題です。

図示はしていませんが、当社のアンケート調査では、最高経営責任者等の後継者の計画について尋ねたところ、「最高経営責任者だけでなく、さまざまな分野・階層で後継者不足に悩んでいる」の割合が29.5%で、3分の1弱の企業（全体312社）にとって、後継者育成が深刻な課題であることが示されました。

　企業規模別に見ると、売上高1兆円以上の企業では「とくに課題を感じていない」が多い一方で、売上高100億円未満の企業では「後継者候補となり得る人材が社内に見当たらない。質・能力に不足感がある」「後継者候補の経営者としての資質・能力に不足感がある」「属人的な組織運営がなされており、業務分掌・職務分掌が曖昧あるいは形骸化している」が多い結果となりました。

　後継者育成の問題をどのように解決していくかについては、「人材の全体的なレベルアップを図る階層別教育の強化・拡充」が52.6%、次いで「大胆な人材抜擢、人材ローテーションの実施」が31.4%、「エース人材を育成する選抜型人材教育の実施」28.9%でした。これらが内部人材を育成・活かす方法である一方で、「経営者人材の外部招聘」を選択した企業も13.9%存在しました（**図表2-29**）。

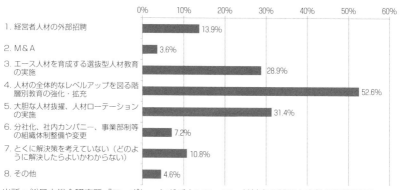

**図表2-29　最高経営責任者等の後継者の計画に関する課題の解決方法**

出所：㈱日本総合研究所『コーポレートガバナンス・コード対応の課題と方針の実態調査』
　　　（全体＝後継者育成に課題を感じていると回答した194社）

## ☑ 基本原則5：株主との対話

　基本原則5は、株主総会の場以外においても、日ごろから株主との対話を行なうことを求めています。ここでいう対話とは、**目的をもった対話**を指し、**エンゲージメント**という言葉が使われることがあります。

　経営陣・取締役は、ステークホルダーのうち従業員、取引先、金融機関等とは日常的に意見を交わす機会があります。一方で、株主と接する機会は限られています。株主からの声に耳を傾けることは、資金提供者の目線の意見を吸収することになり、企業の持続的成長に向けた取り組みのうえでも有用です。

### 基本原則5

> 　上場会社は、その持続的な成長と中長期的な企業価値の向上に資するため、株主総会の場以外においても、株主との間で建設的な対話を行うべきである。
>
> 　経営陣幹部・取締役（社外取締役を含む）は、こうした対話を通じて株主の声に耳を傾け、その関心・懸念に正当な関心を払うとともに、自らの経営方針を株主に分かりやすい形で明確に説明しその理解を得る努力を行い、株主を含むステークホルダーの立場に関するバランスのとれた理解と、そうした理解を踏まえた適切な対応に努めるべきである。

　日常的に株主と対話をすることについては、具体的には原則5-1に示されています。上場企業は株主から対話の申し込みがあったときには、合理的な範囲で前向きに対応すべきとされています。また、株主と建設的な対話をするための体制整備・枠組みに関する方針を検討・承認し開示すべきとされています。

### 原則5-1　株主との建設的な対話に関する方針

> 　上場会社は、株主からの対話（面談）の申込みに対しては、会社の持続的な成長と中長期的な企業価値の向上に資するよう、合理的な範囲で前向きに対応すべきである。取締役会は、株主との建設的な対話を促進するための体制整備・取組みに関する方針を検討・承認し、開示すべきである。

# 2-4

## コーポレートガバナンス・コードを 持続的な成長に役立てる

### ☑ ガバナンスを整えることで企業の成長は加速する

　これまで見てきたように、コーポレートガバナンス・コードのコード は多岐にわたります。本章では、基本的な考え方と当社実施のアンケー ト調査を通じて企業の対応の実態が特長的に出ている箇所を中心に紹介 しました。本章で扱わなかった補充原則等も含めると、対応すべきコー ドの量が膨大に思われるかもしれません。

　しかし、コーポレートガバナンス・コードに示されている内容は、す べて企業の持続的な成長のために企業が対応することが望ましい内容で す。またすぐに実施ができなくても、「コンプライ・オア・エクスプレ イン」という手法がとられているため、すべてを即実施すべき強制力は なく、企業の特性に合わせて「実施しない説明をする」ことも可能です。 説明をすること自体が、株主をはじめ、ステークホルダーへの信頼感の 醸成につながります。

　コーポレートガバナンス・コードの適用対象範囲は上場企業のみです が、本章冒頭でも述べたように、非上場企業もコーポレートガバナンス・ コードのうち、基本原則をはじめ自社の特性に合うコードを履行し積極 的に公表していくことにより、ステークホルダーからの信頼獲得につな がります。上場企業のより高い水準を目指してガバナンスを整えていく ことで、企業の持続的成長が加速することが見込まれます。

　次の第3章では、コーポレートガバナンス・コードで中心的に述べら れていた株主との関係性をより深く見ていきます。

# 第 3 章

## エージェンシー問題と企業リスク

企業と株主の関係から見たコーポレートガバナンスは、いわゆる「エージェンシー問題」に対処する取り組みといえます。本章では、その根幹である「機関設計」の解説に加え、不祥事の回避や経営者の不正を抑制する「守りのガバナンス」に偏りがちな傾向があるなか、適切にリスクをとる「攻めのガバナンス」を実現させる方法についても考えます。

# 3-1

## 株式会社と コーポレートガバナンス

　本章では株主とガバナンスの関係について説明していきます。このテーマが取り沙汰される際は、一般には株主から見た機関設計の話になりがちです。しかし、なぜそのような仕組みが必要なのかから議論しないと、単なる表層的な仕組みの話だけとなってしまい、本当の意味でガバナンスを論じることができず、ひいては正しく理解することができません。したがって、まずは「株式会社の本質とは何か」から説き起こすことによって説明していきたいと思います。

　株式会社の最も特徴的なことは、所有と経営が分離している点にあります。分離した所有を小口化し、多数の人から資金を募ることで事業失敗のリスクを分散でき、さまざまな新しい事業への挑戦が可能となりました。今日の経済発展は株式会社の誕生なしにはあり得なかった、と言っても過言ではありません。

### ☑ 世界最初の株式会社

　大航海時代半ばの1602年、東インド（現在のインドネシアに相当）との香辛料貿易を目的にオランダ東インド会社が設立されました。これが世界最初の株式会社といわれています。

　香辛料貿易を行なうためには、船舶、船員、香辛料買付代金などの多額の資金が必要となりますが、これを出資者から募り、貿易で得た利益を配当する仕組みをつくり上げたのがオランダ東インド会社です。もっとも、出資を広く募り、利益を分配するという点については、1600年に設立されたイギリス東インド会社がすでに行なっていました。

　両者の違いは、イギリス東インド会社は1回の航海ごとに募集・分配をする単発型であったのに対し、オランダ東インド会社は航海ごとに区

切らず、継続的に行なった点にあります。継続的に行なうことで、出資者側は単発での成功・失敗に関わらず、安定的な利益分配を受けることができ、会社側は利益の一部を蓄積していくことができました。利益を分配するために決算という概念が生まれ、その後、株主が経営に参加する総会というシステムも生まれました。まさに現代の株式会社の原型といえます。ちなみに、イギリス東インド会社は、こうした仕組みの違いからオランダ東インド会社と対抗することが徐々に難しくなり、1657年にオランダ東インド会社を見習った会社組織に改組しています。

## ☑ 所有と経営の分離がもつ本来の意味

　ある日、画期的な事業アイデアを思いついたとします。でも、その事業を始めるためには1億円の投資が必要です。それだけの大金を自前で用意できる人はきわめて稀です。また、運よく銀行から借入れすることができたとしても、事業が失敗に終われば1億円の借金だけが残ります。

図表3-1　本来の所有と経営の分離

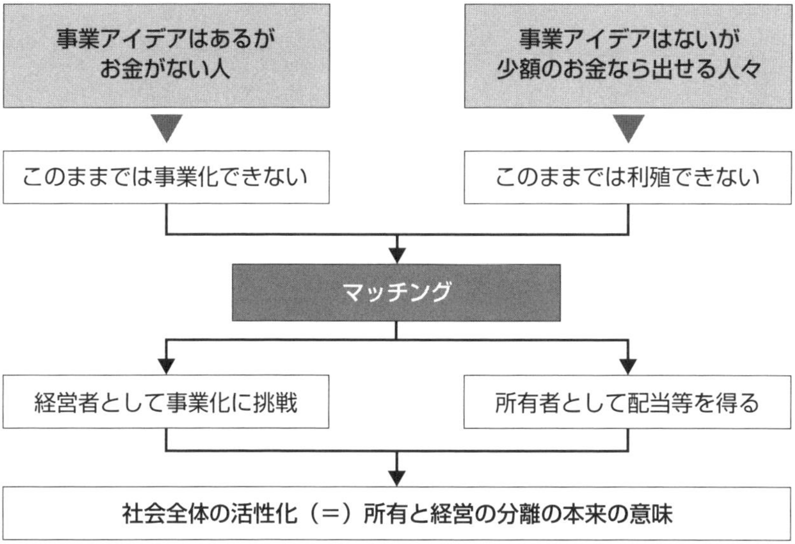

このように考えると、ほとんどの人は事業化することを諦め、社会全体としては、画期的な事業が実現されないことによる機会損失が生じていることになります。

　では、１億円を自前で用意するのではなく、たとえば１万円を１万人から集めることができたらどうでしょうか。事業アイデアを思いついた人は自分で大金を用意する必要もないですし、借金を背負う必要もありません。諦めていた事業化は実現し、社会全体としてはそのぶんだけ発展することができます。１万円を出資してくれた人には、事業が成功したら配当をすればよいのです。

　もちろん失敗した場合には、出資者は１万円を失いますが、１億円の借金を背負うような大事ではありません。

　所有と経営が分離されることで、事業化への挑戦機会は格段に広がり、社会全体としての活性化につながります。これこそが所有と経営の分離がもつ本来の意味といえるでしょう。

　最近ではクラウドファンディング（Crowd Funding）という資金調達方法が世界的に注目されています。これは群衆（Crowd）と資金調達（Funding）を組み合わせた造語で、インターネットを通じて不特定多数の人から出資や寄付による資金調達を行なうものです。株式会社における所有と経営の分離とはやや異なりますが、広く出資などを募ることで新たな事業化に挑戦できる環境を整えるという意味では同じような効果があります。

　クラウドファンディング市場はアメリカを中心にこの10年程度で急速に拡大しています。日本では金融商品取引法の規制などもあるため小規模な市場に留まっていますが、今後こうした資金調達手法が根づいていけば、社会全体の活性化につながることが期待できます。

# 3-2

## エージェンシー問題はなぜ起こるのか

前節では、所有と経営が分離されていることによるメリットを説明してきましたが、当然ながら分離していることでのデメリットもあります。それが「エージェンシー問題」です。

### ☑ エージェンシー問題とは何か

委託者（プリンシパル）が代理人（エージェント）に、何かしらの業務を委任する関係を**エージェンシー関係**といいます。たとえば、お母さんが子供に買い物を頼んだ場合、お母さんが委託者、子供が代理人という関係が成り立ちます。

エージェンシー関係にある委託者と代理人とでは、利害が必ずしも一致しません。たとえば、夕飯はカレーにするのでカレーの材料を買ってくるように子供に依頼しても、人参嫌いな子供はカレーに人参が入ることを好まず、きょうは人参が売り切れていたと偽り、買ってこないかもしれません。構造的には、これこそがエージェンシー問題です。

エージェンシー問題を放置する、あるいは問題が起きないようにするためにかかるコストのことを**エージェンシーコスト**と呼びます。先の例でいえば、カレーの材料をすべて買ってきたら好きなお菓子を1つ買ってよいという条件を加えれば、お母さんと子供の利害は一致し、子供が人参も買ってくることも期待できます。この場合、お菓子代がエージェンシーコストとなります。

### ☑ 身近な例でエージェンシー問題を考える

こうしたエージェンシー問題は日常生活のさまざまなシーンで起こり

得ます。コーポレートガバナンスを正しく理解するためには、エージェンシー問題、エージェンシーコストについてイメージをもっていただく必要がありますので、身近な例で考えてみたいと思います。

　　A君とB君とが次のような会話をしています。あなたが競馬などのギャンブルをする人ならA君の立場で、ギャンブルをしない人ならB君の立場で考えてみて下さい。


A君「先週の競馬が当たって、10万円も儲かっちゃったよ」

B君「へぇ、すごいなあ。今週はどんなレースがあるの？」

A君「今週は有馬記念だよ。1年を締めくくるレースだからね。競馬場
　　に見に行くし、絶対に当てたいところだよ」

B君「そうか、有馬記念なら聞いたことがあるな。面白そうだから馬券
　　を買ってみようかな。予想は任せるから僕のぶんも買ってくれる？」

A君「いいよ。いくら買うの？」

B君「ボーナスも入ったし、初めてだけど1万円買ってみるよ」

　　とB君は1万円をA君に渡す。

　〈翌週〉

B君「有馬記念どうだった？　当たった？」

A君「いやあ、人気薄の馬が勝ってさ、外しちゃったよ。ごめんね」

B君「……」


　　この場合の2人の関係は、B君が委託者、A君が代理人のエージェンシー関係になります。上記の会話だけから判断すると、2人には以下のような「情報格差」があります。

①　B君は、A君が本当に馬券を買ったかどうかわからない

②　B君は、A君がどんな馬券を買ったかわからない

③　B君の競馬に関する知識は、A君の知識よりも大きく劣っている

　　こうした情報格差の存在が、エージェンシー問題を引き起こします。具体的には、B君はA君に対して次のような不信感をもつ可能性があります。

① A君は馬券を買わずに、渡した1万円を横領したのではないか？
② 本当は馬券が的中しているのに外れたと偽り、払戻額を横領したのではないか？
③ 外したのはA君が下手なだけで、普通なら的中できたのではないか？

　一方、A君から見ると、B君から上記のような疑いをかけられるのではないかと感じる可能性があります。感じる可能性という言い方をしているのは、実際にこうした**エージェンシー問題が顕在化するかどうかは、両者の信頼関係による**からです。

　信頼関係が高ければ、こうした問題は顕在化し難く、エージェンシーコストの水準は低くなります。逆に信頼関係が低ければ、こうした問題が顕在化しやすいため、問題が起きないようにするためのコスト、あるいは放置することでのコストがエージェンシーコストとして発生します。では、これらのエージェンシー問題が起きないようにするためには、どのような解決策が考えられるでしょうか。

　問題の①と②については、A君が実際に馬券を購入したエビデンス（証拠）をB君に提示することで解決できそうです。たとえば、購入した馬券を後日、B君に提示し、外れたことを事後説明するのです。ただし、これは不完全な面があります。競馬場には外れ馬券がゴミのように散らかって落ちていますので、A君が適当な外れ馬券を拾い、それを購入した馬券だと偽り、事後説明できてしまうからです。

　事後のエビデンス提示に加え、レースが始まる前に購入した馬券の内容をB君に電話やメールで事前説明したらどうでしょうか。これならA君がレース後に外れ馬券を拾うという不正は起きません。大抵の場合、ここまですれば問題①と②は解決できるはずです。

　問題③はどうでしょうか？　A君は自分の能力が低くなく、外れたとはいえ判断は間違っていないことを説明しなければなりません。これは簡単には解決できそうもありません。競馬新聞の予想がこうなっていた、勝った馬の人気は低かったので大抵の人は外している、そうした説明を

競馬初心者のＢ君に理解してもらうのは労力がかかりますし、完全には解決できそうもありません。このようにエージェンシー問題が起きないように対処しても残ってしまう問題（放置した問題を含む）のコストを**残余コスト**と呼びます。

　エージェンシー問題を起こさないように対処するためのコストと残余コストは**図表3-2**のようなトレードオフの関係にあります。2つのコストをトータルで最小化する組み合わせが最適な解決策となります。
　先の問題①と②についていえば、たとえ事前説明をしても、競馬初心者のＢ君に意図的に外れそうな馬券内容を伝えるなど、Ａ君が不正をするリスクは残ります。この残余コストをゼロにするには、Ｂ君も一緒に競馬場に行くしかありません。しかし、それには競馬場に足を運ぶ労力や交通費などの対処コストが高くなります。そこまでするなら、そもそも委任をするのではなく、Ｂ君が自分で馬券を買えばよい、ということになります。

**図表3-2　対処コストと残余コストの関係**

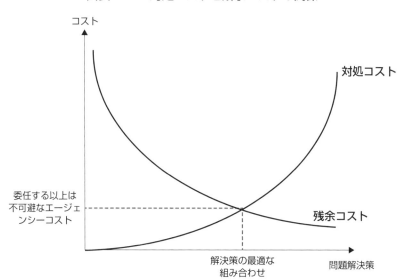

# 3-3

# 株式会社の
# エージェンシー問題

それでは現実の経営に目を向けてみましょう。株式会社では、株主が委託者、取締役等の経営陣が代理人となります。先のA君とB君と同様に、株主と経営陣との間では情報格差があります。経営陣が社内そして業界・事業についての情報や知識が豊富であるのに対し、株主が有する情報・知識は大きく劣ります。

また、株主と経営陣の利害は、必ずしも一致しません。株主は配当や株価が値上がりして譲渡益を得ることを望みます。一方、経営陣は自己の名声や金銭的報酬を得ることを基本的には望んでいます。

こうした情報格差や利害不一致が原因となり、株式会社は複雑なエージェンシー問題を抱えることになります。第1章で説明した**粉飾決算や不正問題といった企業不祥事の多くは、エージェンシー問題に起因して**います。

## ☑ 株主から見たエージェンシー問題

株主は出資をして、配当や株価上昇のリターンを期待しています。どの程度のリターンを求めているかは個々によって異なりますが、ここでは年10％の投資収益率（ROIC：Return On Invested Capital）を求めていたとします。出資から1年後、ROICが10％未満であった場合、株主は次のような不信感をもつ可能性があります。

① 出資したお金は、経営陣が不正に使用したのではないか？
② 本来は利益や配当をもっと出せるのに、意図的に低くしているのではないか？
③ ROICが10％未満であるのは経営陣が優秀ではないからで、別の経

営陣に委託したら10%以上を達成できるのではないか？

問題①の具体例としては、接待交際費の濫用、ファーストクラスなどでの高額な出張旅費、社用車の自己利用などが考えられます。これらは経営陣だけでなく、会社で働く従業員も不正使用するリスクがあります。したがって経営陣は、自らが不正使用しないことに加え、従業員が不正使用しないように管理することも求められます。

問題②は粉飾決算のような明らかな不正に加え、経営判断として株主からの賛否が分かれる問題もあります。たとえば、将来に向けた事業投資を積極的に行なう、会社の資本蓄積を厚くするため配当を抑えるなどです。これらは明らかな不正とは一線を画しますが、株主によっては、意味もなく投資や資本蓄積を進めているのではないか、と受け止める可能性があります。

問題③を正確にジャッジすることは難しいです。ROICが10%未満であっても、市況や景気全体の影響が大きく、むしろ経営陣としては優秀であったかもしれません。ただし、株主から見れば、こうした問題意識を常にもっていることは間違いありません。

こうした問題に対処するため、日本では会社法によって株主の権利が保護されています。会社は株主総会を頂点とし、重要な意思決定事項は株主総会での決議事項とされています。また、会社の骨格である株主総会以下の機関設計についても会社法で細かく定められています。このような株主側が経営陣を監視できるような制度・仕組みに要する対処コストを**モニタリングコスト**と呼びます。上場企業であれば次のようなモニタリングコストが発生しています。

## モニタリングコストの例

- 株主総会の招集・開催
  （決議例）剰余金の配当、役員の選任・解任、役員の報酬決定等
- 独立社外取締役、監査役等の選任
- 内部統制、内部監査

# ☑ 経営陣から見たエージェンシー問題

　株主目線で考察した問題①～③は、主として情報格差によって生じるエージェンシー問題です。経営陣からすると、情報格差を取り除いて、自身の身の潔白を証明する必要があります。そのための対処コストを**ボンディングコスト**と呼びます。上場企業であれば次のようなボンディングコストが発生しています。

ボンディングコストの例

- 決算短信、有価証券報告書等による決算情報等の開示
- 監査法人等による監査
- 決算説明会、中期経営計画の公表等のIR（Investor Relations）

　株式会社のエージェンシー問題には、情報格差によるもの以外に株主と経営陣の利害不一致に起因するものがあります。先ほどROICを説明しましたが、株主が期待する要求リターンであるROICは、経営陣からは資本の調達・維持を図るために最低限クリアーしなければならない資本コスト（Cost of Capital）と定義されます。

　したがって、資本コストは企業経営をするうえで重要な指標ですが、自社の資本コストがどの程度の水準にあるかを知らない経営陣が大半であるのが現状です。これは、日本企業では社内昇格の経営陣が多く、日常的な関心は、株主よりも顧客や社員に向いているためと考えられます。その結果、資本コストをクリアーすることよりも、売上高や利益を拡大することを重視する傾向にあります。

　こうした問題に対処するため、欧米企業では役員報酬に占める株式報酬の割合を高くしています。そうすることで株主と経営陣の利害を一致させ、エージェンシー問題が起きないようにするのです。日本企業でもストックオプションや株式給付信託を取り入れる動きが増えていますが、役員報酬に占める株式報酬の割合はまだまだ低い水準に留まっています。

# 3-4 上場企業の機関設計

　ここまで説明してきたとおり、所有と経営が分離された株式会社では、株主と経営陣の間に情報格差と利害不一致によるエージェンシー問題が存在しています。株主との関係から見たコーポレートガバナンスとは、こうしたエージェンシー問題に対処するための取り組みであり、具体的にはモニタリングコストおよびボンディングコストで例示したような施策を行なっています。

　それらの施策の中でも、コーポレートガバナンスの根幹をなすのが**機関設計**です。機関設計は株式会社の骨格を決める重要なものであり、詳細は会社法で定められています。中小企業向けに、簡易な機関設計も可能となっていますが、上場企業の場合はエージェンシー問題に対処するため厳格な機関設計が求められており、具体的には**監査役会設置会社、指名委員会等設置会社、監査等委員会設置会社**の3つのうちどれかを選択する必要があります。

## ☑ 株式会社の機関の種類

　株式会社の機関には、下に挙げる9つの種類があります。これらの機関の組み合わせを決めるのが機関設計です。最も簡易な機関設計は、株主総会＋取締役ですが、上場企業で採用することはできません。

### ①株主総会

　株式会社の最高意思決定機関であり、必ず設置する必要があります。役員の選任・解任をはじめ、株式会社の組織・運営・管理などに関する重要事項を決定する機関です。

## ②取締役

株主からの委託を受け、会社の業務執行を行なう機関です。株主総会と同じく取締役も必ず設置する必要があります。

## ③取締役会

取締役会を設置するためには、3名以上の取締役が必要となります。全取締役から構成され、代表取締役の選任をはじめ、重要な業務執行の意思決定を行なうとともに、取締役の職務執行を監督する機関です。

## ④監査役

取締役および会計参与の職務執行を監査する機関です。監査役には、業務監査と会計監査の両方の権限があると考えられています。

## ⑤監査役会

監査役会を設置するためには、3名以上の監査役（うち半数以上は社外監査役）が必要となります。全監査役から構成され、監査方針の決定や監査報告の作成などを行なう機関です。

## ⑥委員会

指名委員会等設置会社の場合は、指名委員会・監査委員会・報酬委員会の3つの委員会を設置します。監査等委員会設置会社の場合は、監査等委員会を設置します。いずれの委員会も独立性を確保するため、社外取締役が過半数を占める必要があります。

## ⑦執行役

指名委員会等設置会社において、会社の業務執行を行なう機関です。この場合、業務執行とその監督を分ける趣旨より、取締役は原則として会社の業務執行を行なうことはできません。

## ⑧会計監査人

おもに大会社（資本金5億円以上または負債200億円以上の株式会社）において、計算書類等の監査を行なう機関です。会計監査人は公認会計士または監査法人でなければなりません。

## ⑨会計参与

取締役と共同して計算書類等の作成を行なう機関です。基本的には任意の機関であるため、設置している企業は多くはありません。なお、会

計参与は公認会計士、監査法人または税理士、税理士法人でなければなりません。

## ☑ 上場企業が採用できる組み合わせ

　上場企業が採用できる監査役会設置会社、指名委員会等設置会社、監査等委員会設置会社の組み合わせは**図表3-3**のとおりです。

図表3-3　上場企業が採用できる監査役会設置会社等の
　　　　　組み合わせ

|  | 監査役会設置会社 | 指名委員会等設置会社 | 監査等委員会設置会社 |
|---|---|---|---|
| 株主総会 | ○ | ○ | ○ |
| 取締役 | ○ | ○ | ○ |
| 取締役会 | ○ | ○ | ○ |
| 監査役 | ○ | × | × |
| 監査役会 | ○ | × | × |
| 委員会 | × | ○ | ○ |
| 執行役 | × | ○ | × |
| 会計監査人 | ○ | ○ | ○ |
| 会計参与 | △ | △ | △ |

○：必須　△：任意　×：不要

## 3-5 機関設計① 監査役会設置会社

　監査役会設置会社は、最も多くの上場企業が採用している機関設計ですが、監査役という機関が日本独自であるため、資本のグローバル化に伴い、海外投資家からはコーポレートガバナンスの有効性について疑問視する声も上がっています。

### ☑ 監査役会設置会社の基本構造

　監査役会設置会社では、株主総会の下に取締役会と監査役会が存在します。監査役会は独立しており、取締役会との上下関係はありません。取締役、監査役の選任・解任は株主総会で行なわれます。**図表3-4**の組織上に表われない機関として、会計監査人が必須となります。

　会社法上の機関ではありませんが、コーポレートガバナンスにおいて重要な組織として内部監査部門があります。執行ラインの組織とされ、

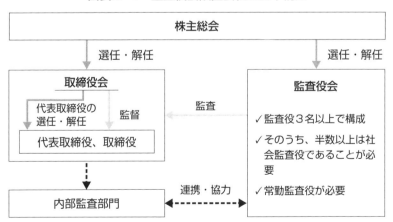

図表3-4　監査役会設置会社の基本構造

代表取締役あるいは内部監査担当役員の所管とするのが一般的です。

## ☑ 取締役会によるガバナンス

　取締役会は代表取締役の選任・解任をはじめ、重要な業務執行の意思決定を行ないます。会社法上、以下の事項は取締役に委任することはできず、必ず取締役会決議が必要とされています。なお、会社法上で取締役会決議が必要とされている事項はこの限りではありません。

### 会社法362条４項で定められている取締役会決議事項

1．重要な財産の処分及び譲受け
2．多額の借財
3．支配人その他の重要な使用人の選任及び解任
4．支店その他の重要な組織の設置、変更及び廃止
5．社債の募集に関する重要な事項として法務省令で定める事項
6．取締役の職務の執行が法令や定款に適合することを確保するための体制の整備
7．定款の定めに基づく取締役の責任の免除

　重要な業務執行の意思決定を取締役会での合議制とすることで、個々の取締役に委任する場合と比べて牽制機能が働き、より適正な意思決定がなされることがコーポレートガバナンスにおける期待となります。

　また、取締役会は取締役の職務執行を監督する役割も担っています。そのため、少なくとも３か月に１回は取締役会を開催し、職務執行状況を報告することが必要です。一般的には、取締役会を１か月に１回開催している場合が多く見られます。

　ただし、取締役会は取締役の集まりですので、取締役の監督といっても自己監督でしかありません。相互に牽制機能は働くものの、取締役同士の馴れ合い、結託に対しては監督として十分とはいい切れません。そこで登場するのが監査役、監査役会です。

## ☑ 監査役会によるガバナンス

　監査役は株主総会で取締役とは別に選任・解任がなされます。また、監査役会を構成する監査役の過半数は社外監査役です。したがって、取締役会からの独立性は高く、取締役の職務執行を監査するのに適した機関と考えられてきました。日本のコーポレートガバナンスは、取締役会による監督と監査役会による監査とが両輪となって進められてきましたが、昨今は、より有効なコーポレートガバナンスを求め、見直しの気運が高まってきています。

　監査役会設置会社での監査の主体者は監査役になります。つまり、監査役自らが、業務・財産の監査を行なうことが基本となる点に特徴があります。もちろん、監査を行なううえで内部監査部門等と連携・協力し合って進めますが、内部監査部門への直接の指示権を監査役は有していません。このことが、以下の観点から監査役による監査の有効性を疑問視する声につながっています。

### 監査役会によるガバナンスの問題点

> 1．監査役自らが監査するアプローチでは、企業規模が大きくなるほど直接監査できる範囲に限界があり、内部監査部門のような組織的なアプローチを重視せざるを得ないと考えられる。
> 2．内部監査部門と並列の関係にある監査役だけでは、内部監査部門を有効に活用することが難しく、職務執行側、とくに代表取締役の理解と協力を得ることが、監査役による監査の前提と考えられる。
> 3．監査役は取締役会に出席し意見を表明することはできても、議決権は有していない。そのため、監査指摘事項を報告しても、それが実際の業務改善等に繋がらないことが考えられる。

　こうした監査役による監査の限界を踏まえ、コーポレートガバナンス強化の観点より、新たに登場したのが次に述べる指名委員会等設置会社です。

## 3-6 機関設計② 指名委員会等設置会社

　監査役会設置会社の抱える問題が、グローバル化や企業不祥事の多発によって注目を集めるようになり、2003年から新たに導入された仕組みが**指名委員会等設置会社**です。導入当初は委員会等設置会社と呼称されていましたが、06年の会社法施行で委員会設置会社に変更され、さらに15年の会社法改正で後述する監査等委員会設置会社が導入されたのに伴い、現在の呼称に変更されています。

### ☑ 指名委員会等設置会社の基本構造

　指名委員会等設置会社では、株主総会の下は取締役会のみ存在します。

図表3-5　指名委員会等設置会社の基本構造

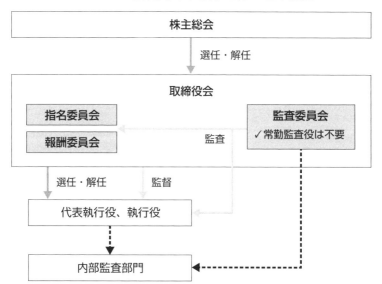

取締役の選任・解任は株主総会で行なわれます。監査役会設置会社同様に会計監査人は必須となります。

　取締役会内に指名委員会、監査委員会、報酬委員会の３つの委員会を必ず設置しなければならない点が最も特徴的なことです。

　いずれの委員会も取締役３名以上で構成され、社外取締役が過半数を占める必要があります。また、各委員会の役割は以下のとおりですが、その決定は最終的なものであり、取締役会で各委員会の決定を覆すことはできません。

**①指名委員会**

　株主総会に提出する取締役の選任および解任に関する議案内容を決定します。

**②監査委員会**

　取締役および執行役の職務執行を監査し、監査報告を作成します。また、株主総会に提出する会計監査人の選任および解任・不再任に関する議案内容を決定します。

**③報酬委員会**

　取締役および執行役の個人別の報酬内容、または報酬内容決定に関する方針を決定します。

　もう１つ特徴的なことは、取締役会の下に執行役が設置されている点です。ここでいう執行役は、よく耳にする執行役員制度の執行役員とは異なります。執行役は会社法上の機関であり、指名委員会等設置会社ではない株式会社の業務執行取締役に相当します。業務執行の決定を大幅に執行役に委任することで、機動的な意思決定が期待されています。

## ☑ 取締役会によるガバナンス

　取締役会は執行役の選任・解任をはじめ、重要な業務執行の意思決定、取締役および執行役の職務執行の監督を行ないます。その意味では、監

査役会設置会社と大きな違いはありません。

　しかし、業務執行の決定については執行役に大幅に委任可能ですので、取締役会は個々の業務執行決定よりも、執行役の選任・解任を切り札とした執行役の職務執行の監督のほうに力点が置かれます。

　監査役会設置会社では、取締役会による取締役の監督が自己監督に相当するため、その実効性に疑問が残りました。指名等委員会設置会社では経営の監督と執行を制度的に分離し、取締役は原則として業務執行を行なうことはできません。この点で監査役会設置会社よりもコーポレートガバナンスが強化されています。

## ☑ 各委員会によるガバナンス

　各委員会の委員は、取締役の中から取締役会で決定します。各委員会には少なくとも2名の社外取締役が必要となりますが、兼務可能ですので、全部で6人必要ということではありません。

　監査役会設置会社の監査役会に相当するのが監査委員会です。監査委員は独立性を確保するため、指名委員会等設置会社またはその子会社の執行役、業務執行取締役、使用人等を兼務することはできません。監査役会との大きな違いは以下の2点です。

### ①内部監査部門を通じたモニタリング、指示が中心

　監査役は自ら業務・財産に関する監査を行ないましたが、監査委員会の委員は直接自らが監査をすることはなく、内部監査部門を通じた監査が中心となります。そのため、常勤の監査委員は必須ではありません。

### ②監査委員は取締役

　内部監査部門への指示が可能であるのは、監査委員は取締役であり、監査委員会と内部監査部門は上下関係にあるためです。取締役会での議決権も有していますので、監査指摘事項が業務改善等につながりやすくなることが期待されています。

監査委員は取締役であることがポイントになりますが、取締役が取締役を監査することの矛盾も指摘されています。また、監査委員は監査役のように自らが監査しないため、牽制機能としては後退しているという意見も聞かれます。それぞれに一長一短があり、監査委員会が監査役会よりもコーポレートガバナンス強化につながっているとは必ずしも言い切れない面があります。

　一方で、従来は社長一任などで行なわれてきた取締役候補の指名や役員報酬の決定について、社外取締役が過半数を占める指名委員会、報酬委員会で議案を決定するようになりますので、透明性が高まることが期待されます。

　しかし、取締役の指名や役員報酬決定といった重要事項が、社外取締役を中心とする委員会で決定されることへの拒否反応、あるいは有効性を疑問視する声も強く、指名委員会等設置会社の導入企業は70社程度と低水準に留まっているのが実態です。

図表3-6　指名委員会等設置会社を選択している上場企業の社数

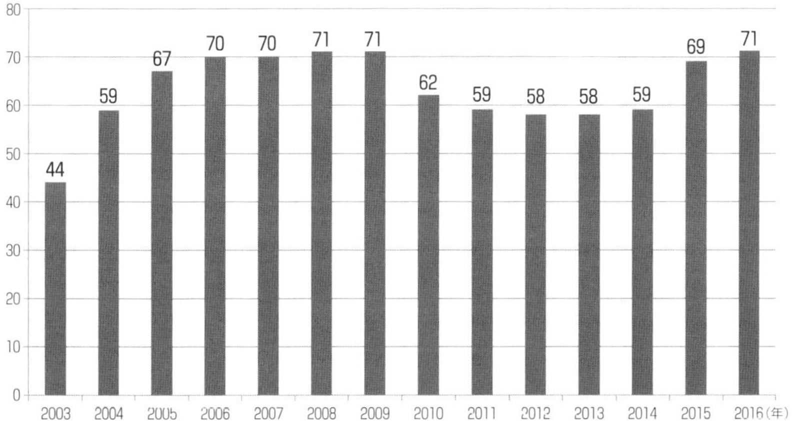

出所：日本取締役協会作成の指名委員会等設置会社リストをもとに筆者作成

# 3-7 機関設計③ 監査等委員会設置会社

　指名委員会等設置会社が普及しない状況から、2015年に新たに導入されたのが**監査等委員会設置会社**です。これまで説明した監査役会設置会社と指名委員会等設置会社の中間的な機関設計となっています。

## ☑ 監査等委員会設置会社の構造

　監査役会設置会社との比較で説明すれば、監査役会が取締役会内に取込まれた形態といえます。監査等委員会の委員となる取締役は、委員ではない取締役とは別に株主総会で選任・解任がなされます。

図表3-7　監査等委員会設置会社の基本構造

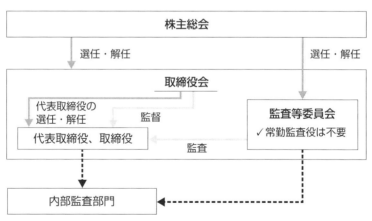

## ☑ 取締役会によるガバナンス

　取締役会内に監査等委員会が設置されている点を除けば、監査役会設

置会社における取締役会によるガバナンスと基本的には同じです。

　指名委員会等設置会社のように執行役を分離していませんので、取締役による自己監督になっている点も同じです。ただし、社外取締役が過半数を占める場合、もしくは定款で定めた場合は、取締役への大幅な権限委譲が可能となっていますので、指名委員会設置会社と同様に機動的な意思決定体制を実現することもできます。

## ☑ 監査等委員会によるガバナンス

　監査等委員会によるガバナンスと指名委員会等設置会社における監査委員会によるガバナンスとは基本的には同じです。監査等委員会の委員は取締役ですので、内部監査部門とは上下関係にあります。監査の方法も、監査役のように自らが監査するのではなく、内部監査部門を通じた監査となります。そのため、常勤者は不要となっています。

　ただし、指名委員会等設置会社においては、監査委員会とは別に指名委員会、報酬委員会が設置されていますので、コーポレートガバナンスの役割を分担し合っています。対して監査等委員会設置会社においては、監査等委員会しかありませんので、その役割はより広いものといえます。そのため、監査等委員会には株主総会において、監査等委員会以外の取締役の選任・解任、報酬等について意見陳述を行なうことができます。

## ☑ 監査等委員会設置会社への移行状況

　導入されてまだ日が浅い監査等委員会設置会社ですが、日本取締役協会の調べによると、監査等委員会設置会社に移行した東証一部上場企業は357社（18.4％）となっています（2016年8月1日集計時点）。これは指名委員会等設置会社の5倍以上の水準にのぼります。

　当社アンケート調査でも、監査役会設置会社の25.3％の企業が「監査等委員会設置会社への移行を検討している」と回答していますので、今後さらに増えていくものと予想されます（次ページ**図表3-8**）。

図表3-8 コーポレートガバナンス・コード対応を機に機関設計の見直しを検討しているか

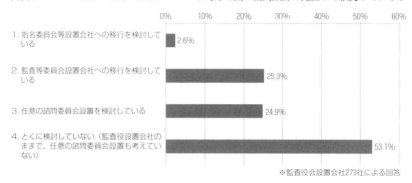

※監査役会設置会社273社による回答

出所：㈱日本総合研究所『コーポレートガバナンス・コード対応の課題と方針の実態調査』

　また、「指名委員会等設置会社への移行を検討している」企業が2.6％に留まっているのに対し、「任意の諮問委員会設置を検討している」企業は24.9％あります。指名委員会や報酬委員会の決定が絶対的なもので拘束力があるのに対し、任意の諮問委員会であれば自由な設計が可能であり、あくまで諮問というアドバイザリー機能であることが評価されているものと考えられます。

　一方で、「とくに検討していない（監査役会設置会社のままで、任意の諮問委員会設置も考えていない）」とする企業は53.1％と過半数を占めています。長年慣れ親しんできた監査役会設置会社でガバナンス上の問題はない、と考えている企業も多いことがわかります。

　監査等委員会設置会社への移行が進んだ背景には、2015年6月より適用されているコーポレートガバナンス・コードの存在があります。第2章で詳細に説明していますが、独立社外取締役を少なくとも2名以上選任することが謳われており、これが監査等委員会設置会社に移行する理由となっています。

# 3-8 独立社外取締役とは何か

独立社外取締役とは、取締役である独立役員のことです。そして**独立役員**とは、**一般株主と利益相反が生じるおそれのない社外取締役または社外監査役**のことです。前段の「一般株主と利益相反が生じるおそれのない」が独立性であり、その判断要素について、東証はガイドラインを示しています。社外取締役は会社法で規定されています。つまり、東証の考える独立性と会社法の社外取締役との両方の要件を満たさなければ、独立社外取締役として認められません。

## ☑ 独立役員の規定と判断要素

上場企業は、一般株主保護のために独立役員を1名以上確保しなければならない旨が上場規程において規定されています。また、別の上場規程では、取締役である独立役員を1名以上確保するよう努めなければならない旨が規定されています。

つまり、上場規程上では、1名以上の独立役員確保は義務、1名以上の取締役である独立役員確保は努力目標ということになります。したがって独立性のある社外監査役を選任していればとくに問題はない、というのがコーポレートガバナンス・コード適用前の考え方でした。

一般株主と利益相反が生じるおそれがない者であるか否かは上場会社において実質的に判断します。ただし、東証は「上場管理等に関するガイドライン」において、一般株主と利益相反の生じるおそれがあると判断する場合の判断要素（**独立性基準**）を規定していますので、最低限これに抵触しない者を選任する必要があります。仮に次に示す独立性基準に抵触すると、独立役員として東証に届け出ることはできません。

独立性基準（上場管理等に関するガイドラインⅢ５.（３）の２）

A．上場会社を主要な取引先とする者又はその業務執行者

B．上場会社の主要な取引先又はその業務執行者

C．上場会社から役員報酬以外に多額の金銭その他の財産を得ているコンサルタント、会計専門家又は法律専門家（当該財産を得ている者が法人、組合等の団体である場合は、当該団体に所属する者をいう。）

D．最近において次の（A）から（D）までのいずれかに該当していた者

（A）A、B又はCに掲げる者

（B）上場会社の親会社の業務執行者又は業務執行者でない取締役

（C）上場会社の親会社の監査役（社外監査役を独立役員として指定する場合に限る。）

（D）上場会社の兄弟会社の業務執行者

E．次の（A）から（H）までのいずれかに掲げる者（重要でない者を除く。）の近親者

（A）Aから前Dまでに掲げる者

（B）上場会社の会計参与（当該会計参与が法人である場合は、その職務を行うべき社員を含む。以下同じ。）（社外監査役を独立役員として指定する場合に限る。）

（C）上場会社の子会社の業務執行者

（D）上場会社の子会社の業務執行者でない取締役又は会計参与（社外監査役を独立役員として指定する場合に限る。）

（E）上場会社の親会社の業務執行者又は業務執行者でない取締役

（F）上場会社の親会社の監査役（社外監査役を独立役員として指定する場合に限る。）

（G）上場会社の兄弟会社の業務執行者

（H）最近において前（B）～（D）又は上場会社の業務執行者（社外監査役を独立役員として指定する場合にあっては、業務執行者でない取締役を含む。）に該当していた者


## ☑ 会社法における社外取締役の規定

　会社法における社外取締役となるためには、以下に挙げる５つすべてに該当することが必要となります。

　東証の独立性基準と比較すると、取引先やコンサルタント、専門家が

対象とならず緩和されている一方で、当該株式会社、子会社については過去10年間という過去要件が付されており、より厳格な内容となっています。

### 社外取締役の要件（会社法２条15号）

以下の全てに該当するものをいう。
1．当該株式会社又はその子会社の業務執行取締役若しくは執行役又は支配人その他の使用人（以下「業務執行取締役等」という。）でなく、かつ、その就任の前10年間当該株式会社又はその子会社の業務執行取締役等であったことがないこと。
2．その就任の前10年内のいずれかの時において当該株式会社又はその子会社の取締役、会計参与（会計参与が法人であるときは、その職務を行うべき社員）又は監査役であったことがある者（業務執行取締役等であったことがあるものを除く。）にあっては、当該取締役、会計参与又は監査役への就任の前10年間当該株式会社又はその子会社の業務執行取締役等であったことがないこと。
3．当該株式会社の親会社等（自然人であるものに限る。）又は親会社等の取締役若しくは執行役若しくは支配人その他の使用人でないこと。
4．当該株式会社の親会社等の子会社等（当該株式会社及びその子会社を除く。）の業務執行取締役等でないこと。
5．当該株式会社の取締役若しくは執行役若しくは支配人その他の重要な使用人又は親会社等（自然人であるものに限る。）の配偶者又は二親等内の親族でないこと。

## ☑ 独立社外取締役２名以上確保のハードル

このように独立社外取締役に該当するためには、非常に厳格な基準・要件がありますので、すでに何かしらの関係がある人材では難しく、まったく新たな人材を探してくる必要があります。これが上場企業にとっては高いハードルとなっており、経営者の方からは「独立社外取締役として適当な人材がすぐには見つからない」といった声をよく聞きます。

また、監査役会設置会社のままだと、社外監査役と合わせて社外役員が最低４名必要になります。このことを負担と感じる上場企業は少なく

なく、監査等委員会設置会社に移行する企業が増えている理由の1つといえます。

監査等委員会設置会社に移行すれば、既存の社外監査役を社外取締役にスライドさせることが可能となり、独立社外取締役2名以上の確保というコーポレートガバナンス・コードの要請に応えられ、なおかつ社外役員を4名も確保する必要がなくなるからです。アンケート調査結果でも、監査等委員会設置会社への移行検討理由として、「独立社外取締役2名以上の選任に対応するため」が59.4％と「経営の監督機能を強化するため」に次いで多く、上場企業の本音が読み取れます（**図表3-9**）。

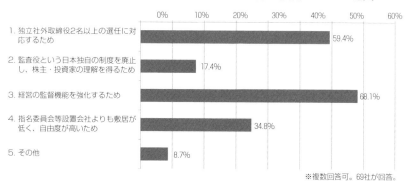

**図表3-9　監査等委員会設置会社への移行を検討している理由**

※複数回答可。69社が回答。

出所：㈱日本総合研究所『コーポレートガバナンス・コード対応の課題と方針の実態調査』

# 3-9

## 独立社外取締役の
## 理想と現実

コーポレートガバナンス強化の昨今のトレンドは、**独立社外取締役の増強**にあります。その具体策として、コーポレートガバナンス・コードでは最低でも２名の独立社外取締役を確保することを要請しています。また、自主的な判断と前置きしつつも、取締役の３分の１以上を独立社外取締役とすることにも言及しています。

その一方で、経営者は独立社外取締役を確保することを負担と感じており、本来の趣旨とは離れたところで監査等委員会設置会社への移行が進んでいるのが現実です。

### ☑ 独立社外取締役の理想

コーポレートガバナンス・コードでは、原則４－７で独立社外取締役の役割・責務を４つ挙げています。

**原則４－７　独立社外取締役の役割・責務**

> 上場会社は、独立社外取締役には、特に以下の役割・責務を果たすことが期待されることに留意しつつ、その有効な活用を図るべきである。
> （ⅰ）経営の方針や経営改善について、自らの知見に基づき、会社の持続的な成長を促し中長期的な企業価値の向上を図る、との観点からの助言を行うこと
> （ⅱ）経営陣幹部の選解任その他の取締役会の重要な意思決定を通じ、経営の監督を行うこと
> （ⅲ）会社と経営陣・支配株主等との間の利益相反を監督すること
> （ⅳ）経営陣・支配株主から独立した立場で、少数株主をはじめとするステークホルダーの意見を取締役会に適切に反映させること

この４つを大別すると、（ⅰ）と（ⅳ）は助言、（ⅱ）と（ⅲ）は監督となり、**独立社外取締役には助言と監督の２つの機能が期待されている**ことがわかります。

　助言機能を果たすためには、経営の方針や経営改善について助言できるだけの知見と、少数株主をはじめとするステークホルダーの意見を伝えられるバランス感覚とが求められます。そして、それらを臆することなく提言できるだけのハートの強さが求められます。

　一方、監督機能を果たすためには、経営陣・支配株主から独立していることはもちろんのこと、経営陣幹部の選任・解任や重要な意思決定について、自身の見解・判断を求められます。また、利益相反を監督するためには、そうした事実がないかを常に把握するよう努めなければなりません。いずれにしても企業内部のことに精通しなければ、責任ある監督を務めることは不可能といえます。

　このように見てみると、コーポレートガバナンス・コードで求められている独立社外取締役とは、相当なスーパーマンであることが必要です。加えて就任した暁には、企業の内部事情に精通するために相当な努力を払うことが求められます。そのような人物を、2,400社以上ある東証一部・二部上場企業すべてで確保することが現実的であるのか。原則的には非常勤の社外取締役が、企業内部に精通することは現実的であるのか。こうした疑問は、経営者が率直に感じているところでしょう。

## ☑ 独立社外取締役の現実

　独立社外取締役の人数について、「コーポレートガバナンス・コードで最低限求められる２名を維持できればよい」が67.9％と大半であり、1/3以上とする意向のある企業は25.6％に留まりました（**図表3-10**）。

　また、社外取締役に期待することとしては、「経営方針や経営改善策に関する助言を行なうこと」が76.9％、次いで「経営陣・支配株主から独立した立場で、ステークホルダーの意見を取締役会に適切に反映させ

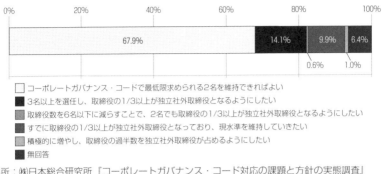

図表3-10 独立社外取締役の人数についてどう考えるか

出所：㈱日本総合研究所『コーポレートガバナンス・コード対応の課題と方針の実態調査』
（全体＝312社）

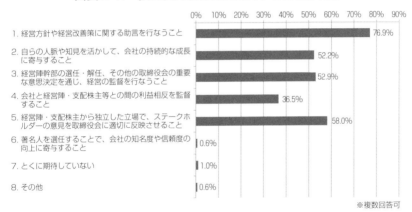

図表3-11 独立社外取締役に期待することは何か

出所：㈱日本総合研究所『コーポレートガバナンス・コード対応の課題と方針の実態調査』
（全体＝312社）

ること」が58.0％と助言機能が上位を占めました（**図表3-11**）。

この2つのアンケート調査結果より読み取れることは、経営者の考えとしては、まずは最低限の2名をクリアーすればよく、有益なことがあれば助言して欲しいとする表層的な対応・期待に留まっている、ということです。これは「自らの人脈や知見を活かして、会社の持続的な成長に寄与すること」の踏み込んだ助言機能については52.2％に減少するこ

とからも裏づけられます。

## ☑ 理想と現実のギャップ

　独立社外取締役の理想像が相当高度なところにあり、コーポレートガバナンス強化の要として制度設計が進む一方で、経営者の対応・期待はより表層的であり、独立社外取締役への期待ギャップが存在します（**図表3-12**）。

　また、独立社外取締役の多くは、弁護士や公認会計士等の専門家や関連官公庁等の出身者が占めています。そうした人たちをすべて否定するわけではありませんが、事業・業界を理解し、経営方針や経営改善策の具体的かつ有効な助言を行なうことは難しいと考えます。独立社外取締役の候補者人材が圧倒的に不足しており、供給ギャップが生じています。

　この2つのギャップの中で、経営者と独立社外取締役は適当なところで折り合い、監査等委員会設置会社に移行しても、大きな変化は起きていないのが現実です。

**図表3-12　独立社外取締役に関する2つのギャップ**

制度（コーポレートガバナンス・コード）の理想
- ✓ 高度な助言と監督とを期待
- ✓ コーポレートガバナンス強化の要

独立社外取締役への期待ギャップ

独立社外取締役人材の供給ギャップ

経営者
- ✓ 表層的な助言で十分
- ✓ 最低限の2名をクリアーすれば十分

適度に折り合い
変化が起きない

候補者人材
- ✓ 厳格な独立性基準等で狭き門
- ✓ 監査をしていればよいだろう

# 3-10

## 攻めのガバナンスを実現するには

　ここまで述べたような監査等委員会設置会社の実態に対し、新たな"ガラパゴス組織"を生む温床だとする批判が出ています。一部のファンドは監査等委員会設置会社への移行議案について反対票を投じました。また、監査等委員会設置会社へ移行する場合には、社外監査役からの社外取締役へのスライドを反対する意見や、任意の指名・報酬委員会も併せて設置するべきだ、とする意見が出てきています。

### ☑ 真のエージェンシー問題

　ここでもう一度、A君とB君とのエージェンシー問題を考えてみたいと思います。エージェンシー問題は、委託者と代理人との間の情報格差や利害不一致によって生じ、代理人であるA君による不正問題が中心でした。しかし、エージェンシー問題はそれだけでしょうか。A君とB君との信頼関係が高く、A君が不正をするリスクがないのであれば、エージェンシー問題は存在しないのでしょうか。馬券購入の依頼を受けた代理人のA君の「心の声」を考えてみたいと思います。

　競馬場に到着したA君は、有馬記念に出走する各馬の状態を確認するため、パドック（レース直前の出走馬を下見できる場所）に向かいます。前日の検討では3番人気の馬を本命に考えていました。パドックでA君は、1番人気と2番人気の馬は状態がよくないように感じました。本命に狙っている3番人気の馬は、まずまずよい状態に見えたのでした。
　《A君の心の声》「B君は初めて馬券を買うと言っていたな。ぜひ当ててあげたいな。1番人気と2番人気の馬はよくは見えないけど、保険のために買い目に入れておこう。腐っても鯛だ」

しばらくパドックにいたＡ君。13番人気の馬が非常によい状態に見えました。

《Ａ君の心の声》「13番人気の馬、いいなあ、面白そうだ。でも普通は勝たないよな。こんな低人気の馬を買って外したらＢ君に面目が立たないな。買い目に入れるのはやめておこう」

〈有馬記念のスタート〉

13番人気の馬が逃げ切って勝利、3番人気の馬が2着に入り、1番人気と2番人気の馬は着外に敗れた。

《Ａ君の心の声》「……。自分のお金だけで買っていれば的中できたな」

　Ａ君はＢ君のために馬券を的中させたいと思った結果、1番人気や2番人気の馬を外して馬券を買うことや、13番人気の馬の馬券を買うことのリスクを取ることができませんでした。これはＢ君に対する「思いやり」の結果ともいえますし、Ａ君の「保身」の結果ともいえます。

　いずれにしてもＡ君が不正を起こす気がなくても、代理人が委託されているために適切なリスクテイクができない、というエージェンシー問題が発生していることがわかります。

　**この適切なリスクテイクができないことこそ、真のエージェンシー問題**だと考えます。コーポレートガバナンスは企業不祥事が起きることで注目を浴び、制度対応がなされてきた歴史的経緯から、どうしても経営者の不正を抑制する、リスクを回避させるといった「守りのガバナンス」になりがちです。

　もちろん、そうした守りのガバナンスも必要ですが、日本企業のコーポレートガバナンスが独立社外取締役の導入等で欧米企業より遅れているといっても、不正や不祥事を起こす日本企業が欧米企業よりも多いとは感じません。投資家や株主にとって、不正や不祥事が起きては困りますが、もっと**危険なのは企業がリスクテイクしなくなることではない**でしょうか。遭難を恐れて船が出港しなければ投資家は何もできません。現代の日本企業に求められているのは、守りのガバナンスではなく、「攻

めのガバナンス」のはずです。

## ☑ 攻めのガバナンスとは

　コーポレートガバナンス・コードの目的にも「攻めのガバナンス」が
明確に謳われています。下記はその一文の抜粋です。

「コーポレートガバナンス・コード原案」序文の本コード（原案）目的

---

　本コード（原案）では、会社におけるリスクの回避・抑制や不祥事の防止と
いった側面を過度に強調するのではなく、むしろ健全な企業家精神の発揮を促
し、会社の持続的な成長と中長期的な企業価値の向上を図ることに主眼を置い
ている。

（中略）

　経営陣が、結果責任を問われることを懸念して、自ずとリスク回避的な方向
に偏るおそれもある。こうした状況の発生こそが会社としての果断な意思決定
や事業活動に対する阻害要因となるものであり、本コード（原案）では、会社
に対してガバナンスに関する適切な規律を求めることにより、経営陣をこうし
た制約から解放し、健全な企業家精神を発揮しつつ経営手腕を振るえるような
環境を整えることを狙いとしている。

---

　この目的については、非常に共感できるという人が多いと思います。
しかし、健全な企業家精神を発揮できる環境整備の要が、なぜ独立社外
取締役の2名以上の確保につながるのか、その点についてはほとんど理
解されていませんし、金融庁や東証も明確でわかりやすい説明をしてい
ません。
　以下は私見になりますが、健全な企業家精神を発揮していくためには、
「株主との対話」が最も重要であり、独立社外取締役はツールでしかな
いと考えます。先のA君の例でいえば、パドックで感じたことをB君に
事前説明し、リスクテイクする馬券を購入することの理解を得れば馬券
は的中させられたはずです。経営陣がリスクテイクするには、株主との
事前の対話に努め、どのような経営方針、経営改善策を考えているかを

正しく伝えることが重要なのです。やや乱暴な言い方になりますが、経営陣の考える経営方針、経営改善策に納得できないのであれば株式を売却すればよいですし、株主総会で適切な議決権行使をすればよいのです。もちろん、投資家向け説明会等の場で、株主としての考えを経営陣に伝えることも有効な策と考えられます。このように株主や投資家には、経営陣が発したメッセージに対して何らかの手立てを打てるわけですから、経営陣は勝手にリスク回避的な保身に走るのではなく、率直なメッセージを発するべきです。

　では、そのような環境を整備するうえで、独立社外取締役はどのような役割を担えるのでしょうか。真っ先に思い浮かぶのは、原則4－7（ⅰ）の経営方針や経営改善策に関する助言を行なうことです。これは経営陣の期待とも合致します。しかし、厳しい独立性基準・要件があるため、現実問題として適切な助言ができるバックボーンをもった人材を独立社外取締役として迎え入れることはきわめて稀な状況といえます。

　ならば、いっそのこと独立社外取締役は、監督・監査機能の守りのガバナンスに徹底するのはどうでしょうか。助言については、任意の諮問委員会を設置したり、外部のコンサルタントに必要に応じて依頼したりするほうが現実的であり実効性があります。二兎追う者は一兎を得ず、いまの独立社外取締役はまさにその状況にあります。

　独立社外取締役の役割をより広く期待するのであれば、原則4－7（ⅳ）のステークホルダーの意見を取締役会に適切に反映させることにあると考えます。株主との対話が重要とはいっても、その機会は限られます。いわば本番に向けた練習として、独立社外取締役が株主をはじめとする各ステークホルダーの仮想的存在となれば、取締役会での議論はステークホルダーに近い視点をもった、より有意義なものに発展することが期待されます。ステークホルダーがどのように考えるかはある程度普遍的なものですので、厳しい独立性基準・要件と両立させることも可能ではないかと考えます。

# 3-11

## 非上場企業・オーナー企業におけるガバナンス

　ここまでは上場企業を前提とした株主との関係について説明してきました。この章の最後に、非上場企業ではどのようなコーポレートガバナンスが期待されるかについて考えてみたいと思います。

### ☑ オーナー企業におけるガバナンス

　非上場企業の大半は、株主自らが経営者となるオーナー企業です。この場合は所有と経営が完全に一致していますから、そもそもエージェンシー問題は発生しません。これはオーナー企業の大きな強みです。所有と経営が一致していることでリスクテイクしやすくなり、意思決定も迅速になります。革新的な事業が資金力に勝る大企業ではなくベンチャー企業から生まれてくる理由の一端はここにあります。

　エージェンシー問題が発生しない以上、その対策も必要がないわけで株主との関係からはガバナンスはほとんど求められません。機関設計も基本的にはシンプルなものになります。

　しかし、次章以降に説明するように、ガバナンスは株主との関係だけではなく、従業員、消費者、債権者などとの関係もあります。オーナー企業であっても、これらのステークホルダーとの関係は無視できませんので、たとえば3名以上の取締役を選任して取締役会を設置する、定期的に取締役会を開催して重要事項については組織的な協議と意思決定を行なう、監査役を選任するなどの対応は、最低限の機関設計として求められるものと考えます。

### ☑ 少数株主との関係

　非上場企業であっても、所有と経営とが完全には一致しない場合もあ

第3章 エージェンシー問題と企業リスク

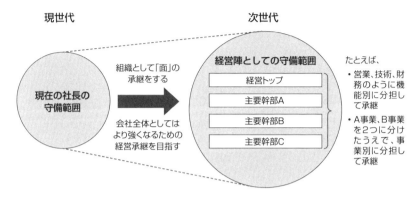

図表3-13 属人的な経営から組織的な経営へ

　ります。それは第三者から出資を受けて、少数株主が存在している場合です。投資ファンドからの出資、同業他社との資本提携などが該当します。こうした少数株主と経営者はエージェンシー関係にありますので、ガバナンスが必要となります。ただし、主要株主はオーナー経営者であるため、会社法で規定される株主権利だけでは少数株主は弱い立場にあります。そのため、投資ファンドが出資する場合や資本提携を行なう場合には、契約によって少数株主としての権利を強めることが一般的に行なわれています。

　また、社長を子供に譲るなどの経営承継時にガバナンスを再考するオーナー企業も少なくありません。所有と経営とが一致していることは、社長個人の社内外への影響力が非常に強い状況を生みます。それ自体が悪いことではありませんが、経営承継を進める際には障害となり得ます。その場合には、社長個人が担っていた役割を紐解き、属人的な経営から組織的な経営に切り替えていくことが必要となります（**図表3-13**）。

　ありがちなこととしては、現社長と比肩し得るだけの「個人」を求めてしまうことが挙げられます。この視点だと後継者の力不足ばかりが目立ち、スムーズな経営承継が難しくなります。個人ではなく組織としての「面」で承継することがポイントであり、そのためには組織体制などのガバナンスを考えなくてはなりません。

# 第4章

# 従業員と
# コーポレートガバナンス

従業員は、企業にとってともにガバナンスを
担う存在であると同時にその対象でもあり、
一方で、重要なステークホルダーでもありま
す。本章では、従業員が当事者となる「内部
通報制度」などの整備や情報漏えいへの備え
について事例を交えて解説し、さらに、より
高次元のガバナンスにつながる従業員満足の
向上への方策をさまざまな観点から示します。

# 4-1

## 会社は誰のものか

### ☑ 会社は株主のもの？　従業員のもの？

　「会社は誰のものか」という議論がなされることがあります。会社法やコーポレートガバナンス・コードは「会社は株主のもの」という前提に立っています。株主を代表する取締役会が、経営陣の経営を監視するのがあるべき姿とされており、会社は、株主の利益を重視して運営されることが求められます。「物言う株主」が、社長の交代を要求したり、配当の増額を要求したりすることも、当然のこととなります。

　一方、このような「物言う株主」が脚光を浴び始めた当初、違和感を覚えた人も多かったのではないでしょうか。「どうして株主にそこまで言われないといけないのか」「配当を増額するならまずは従業員の給料を上げてあげればよいのに」といった感想も聞こえてきます。

　日本では、「会社は株主のもの」という、「株主主権的」な考え方より、比較的「会社は従業員のもの」という「従業員主権的」な考え方をもつ人が多いといわれています。

　従来は、社長は社員の中での持ち上がり、取締役会も仲間うちで運営される、という形が多く見られましたが、それゆえに経営へのチェック機能が働き難い、という欠点がありました。

　会社運営の実務では、この「株主主権的」な考え方と「従業員主権的」な考え方双方が共存しており、そのバランスをうまく取っていく必要があります。会社の経営状況が悪化した場合、株主の利益を重視する場合は、まず雇用をカットし配当を確保する。従業員の利益を重視する場合は、まず配当をカットし雇用を維持するという違いが生まれてきます。株主の利益を重視するにしても、従業員の一定の理解を得ないと、反発

図表4-1　株主主権と従業員主権の考え方の違い

| 考え方 | 概　要 |
|---|---|
| 株主主権的 | ・会社は株主のもの<br>・会社経営は株主の利益を重視<br>・経営悪化時は、配当を確保するためにまず従業員を削減<br>・経営陣の交代は株主の代表である取締役会が主導で実施 |
| 従業員主権的 | ・会社は従業員のもの<br>・会社経営は従業員の利益を重視<br>・経営悪化時は、従業員の雇用を確保するために配当をカット<br>・経営陣の交代は従業員出身者で占められた取締役会が身内の事項として実施 |

出所：各種資料より筆者作成

を受けることとなります。

　経営学者の伊丹敬之氏は、「本当は従業員主権の企業に対して株主主権を前提に作られた経営者のチェックメカニズムが用意されていたらどうなるか」「経営者の行動は不必要にメインの主権者ではないはずの株主のほうを向いたものになる危険が大きくなり、その上じつは本来の主権者にはチェックされずに済んでしまうことになる」（以上、伊丹敬之著『日本型コーポレートガバナンス』日本経済新聞社刊）と、過度に株主ばかりを向いたガバナンス体制を構築することに懸念を示されています。

　そして、「ヒトあるいは従業員の声の発言のメカニズムをきちんと整備しないと、従業員からのチェックメカニズムは十分には用意できなくなる危険がある」（同前）と、従業員の声をガバナンスに活かす制度設計の重要性を説いています。

図表4-2　株主主権と従業員主権のチェック機能の違い

| チェック主体 | 退出 | 発言 |
|---|---|---|
| 株主 | 資本の引き揚げ（株式の売却） | 株主総会による議決 |
| 従業員 | 退職 | 会議での発言<br>労働組合の決議 |

出所：伊丹敬之著『日本型コーポレートガバナンス』を参考に筆者作成

## ☑ ステークホルダーとしての従業員

　本章では、「従業員とコーポレートガバナンス」を切り口として、解説をしていきます。

　まずは、「従業員からのチェック機能」として、注目を集めている「内部通報制度」について説明します。昨今、大企業の経営陣も巻き込んだ不正事件が複数明らかとなっていますが、企業の自浄を促すためには、必須の機能といえます。そして、不正防止という観点から、会社のガバナンスの対象を、取締役のみから従業員全体へ広くとらえた場合に、多くの企業にとって身近な問題である「情報漏えいリスク」についても解説します。また、本来の目的とは異なるものの、コーポレートガバナンスに貢献し得る「従業員持株制度」「労働組合」の機能についても解説します。

　本章の後半では、企業の中長期的な成長のために必要となる、従業員とのよりよい関係構築について見ていきます。具体的には、仕事と生活の調和を行なう「ワークライフバランス」のほか、多様な人材の能力が発揮できる環境を整備する「ダイバーシティ推進」について解説します。とくに「従業員との適切な協働」は、コーポレートガバナンス・コードの基本原則（コーポレートガバナンス・コード　基本原則２．「株主以外との適切な協働」）においても言及されている、とても重要な観点となります。

# 4-2

## 内部通報制度による
## チェック機能

### ☑ 内部通報制度とは

　コーポレートガバナンスでは、従業員は経営陣のチェック機能としての役割が期待されています。その役割を具現化する方法の一番有力な方法の1つが、「**内部通報制度**」です。

　内部通報制度とは、法令違反や不正行為に係る情報をおもに社内から集め、企業が自らその是正を行なうことを目的として設置されるものです。具体的には、社内の総務部門やコンプライアンス担当部署内に担当者を設置し、電話やメールなどで情報を受け付ける体制をつくるほか、顧問弁護士等、企業の外部に情報の受け付けを依頼する場合もあります。

　一方、「**内部告発**」という、似たような言葉もあります。これは、社内の人間が、社外の外部機関や、マスコミ等へ告発を行なうものです。企業にとっては、「内部通報」を基に社内で自浄作用を働かせるよりも、企業イメージの低下や、対応が後手に回ってしまう点において、大きなダメージを受けることとなります。

　「内部告発」の事例として大きなものは、2000年に発覚した、三菱自動車工業におけるリコール隠し事件が挙げられます。これは、同社が製造していた乗用車・トラックに関し、リコールにつながり得る不具合情報を、監督官庁である運輸省（現：国土交通省）へ報告せず、社内で隠蔽していたというものです。この事実は、運輸省への内部告発により発覚し、同社はその後、対応に追われることとなりました。

　従業員の立場からすると、社内に内部通報制度が設置されていたとしても、「通報内容が握りつぶされるのではないか」「通報したことで、社内で不利な立場になるのではないか」という懸念がつきまといます。その懸念が強くなると、結局、内部通報制度を利用しなかったり、外部に

第4章　従業員とコーポレートガバナンス

105

「内部告発」という手段を取ったりすることとなります。これでは、せっかく内部通報制度を設置していても、意味がなくなってしまいます。内部通報制度に限った話ではなく、制度とは設置するだけでなく、それをしっかりと機能させることが重要です。

　内部通報が機能し、会社の自浄作用が機能した例としては、2012年に発覚した大阪ガスの事例が挙げられます。これは社内で賭博行為が行なわれていることについて、社内の窓口に匿名で通報があり、同社のコンプライアンス部門が2週間ほどで不正行為を認定、社外に公表するという迅速な対応を行なったものです（出所：2012年8月31日付同社プレスリリース）。

　もう1つ、11年に発覚したカナデンの事例を挙げたいと思います。これは、同社の従業員が、著作権法に違反し、DVDビデオを自宅で複製、社内で無償配布している、という情報が、同社の内部通報制度である「企業倫理ホットライン」に寄せられたというものです。この通報を受け、同社はこの行為を行なった社員およびDVDを受け取った社員を懲戒処分するなど、厳格な対応を取っています（出所：2011年9月9日付同社プレスリリース）。

　一方、15年に発覚した東洋ゴム工業のデータ改ざん問題は、社内の自浄作用がうまく働かなかった事例とされています。具体的には、従業員が不正を察知し、また、社内で社内通報制度が設けられていたにも関わらず、活用はなされませんでした。その要因として、外部調査チームによる「報告書」では、「技術的な観点から結論が出ていない段階で、内部通報を行なうことについては心理的な抵抗があったために、利用を躊躇したものと考えられる」とされています。その「再発防止策の提言」では、「従業員が法令違反に該当する事実など一定の重要な事実について認識した場合には、自身の関与の有無に関わらず、原則として、内部通報窓口への通報義務を課す」という、一歩踏み込んだ内容での内部通報制度の活性化が提言されています。

**図表4-3　東洋ゴム工業・外部調査チームによる「報告書」での内部通報制度への言及**

| | 内　　　容 |
|---|---|
| 原因および背景 | ・同社には内部通報制度も整備されており、<u>一定の成果を上げていた</u>と評価することもできる。<br>・しかしながら、複数の従業員が本件の問題行為の疑いについて把握していたにも関わらず、<u>内部通報制度を利用した者はいなかった</u>。<br>・内部通報制度を利用するか否かは任意であり、技術者の心理としては、<u>技術的な観点から結論が出ていない段階で、内部通報を行うことについては心理的な抵抗があった</u>ために、利用を躊躇したものと考えられる。 |
| 再発防止策 | ・内部通報制度を抜本的に改革し、<u>内部通報を義務化</u>する。具体的には、従業員が法令違反に該当する事実など一定の重要な事実について認識した場合には、自身の関与の有無に関わらず、原則として、内部通報窓口への通報義務を課する。<br>・その場合、直属の上司への報告という一事をもって、当該義務を履行したと評価するべきではなく、<u>当該上司が必要な対応を十分に実施しない場合には、依然として従業員は通報義務を負い続ける</u>と設計することが必要。<br>・匿名の通報、他部門の業務に関する通報、退職者その他社外の者からの通報、確証のない段階での通報、技術的な疑問等の相談に<u>近い内容の通報を促進する</u>こととする。<br>・積極的に通報等の行動を起こしにくい従業員もいることを想定し、<u>匿名のアンケートも頻繁に実施する</u>ことも一案。 |

出所：東洋ゴム工業プレスリリース（2015年6月22日付）より筆者作成。下線は筆者

## ☑ 内部通報制度の制度的な位置づけ

　まず、法的な側面からお話しします。内部通報を行なった従業員は、「公益通報者保護法」によって法的に保護されます。

　同法では、勤務先等のコンプライアンス違反等について内部通報・内部告発を行なった通報者は、通報を行なったことを理由とする解雇の無効・その他不利益な取扱いの禁止等の保護を受けることが明文化されています。同法の具体的な規制内容は次ページ**図表4-4**のとおりです。

　同法は大企業・中小企業問わず適用になるのみならず、学校法人や病院、公的機関等も対象となります。また、行政機関が通報を受けた場合、

## 図表4-4　公益通報者保護法のポイント

| | 内　　容 |
|---|---|
| 「公益通報」とは | ・労働者が不正の目的でなく、労務提供先等について「通報対象事実」が生じ又は生じようとする旨を「通報先」に通報すること。 |
| 「通報対象事実」とは | ・以下法律に規定する罪の犯罪行為の事実<br>刑法、食品衛生法、金融商品取引法、ＪＡＳ法、大気汚染防止法、廃棄物処理法、個人情報保護法、独占禁止法、道路運送車両法　等（政令で定めのある法律が含まれます） |
| 「通報先」とその保護要件とは | ・事業者内部（内部通報）：通報対象事実が生じ又は生じようとしていると思料する場合<br>・行政機関：通報対象事実が生じ、又は生じようとしていると信ずるに足りる相当の理由がある場合（＊）<br>・事業者外部：上記（＊）に加え、内部通報では証拠隠滅のおそれがあること等、一定の要件を満たす場合 |
| 公益通報者の保護 | ・保護要件を満たして「公益通報」した労働者（公益通報者）は、以下の保護を受ける。<br>①　公益通報をしたことによる解雇の無効・その他不利益な取扱いの禁止<br>②　（公益通報者が派遣労働者である場合）公益通報をしたことを理由とする労働者派遣契約の解除の無効・その他不利益な取扱いの禁止 |
| 公益通報者・事業者・行政機関の義務 | ・公益通報者が他人の正当な利益等を害さないようにする努力義務<br>・公益通報に対して事業者がとった是正措置等を公益通報者に通知する努力義務<br>・公益通報に対して行政機関が必要な調査及び適当な措置をとる義務<br>・誤って通報を受けた行政機関が処分等の権限を有する行政機関を教示する義務 |

出所：消費者庁ＨＰデータをもとに筆者作成。下線は筆者

行政機関はそれを放置せず、必要な対応を取ることも義務とされています。また、別の行政機関に通報すべき内容であれば、どこに通報すればよいのかを通報者に教える義務も課されています。このように、同法は、通報者を保護し、また通報された側にはそれにしっかりと対応すること

を求めています。

　さて、コーポレートガバナンス・コードにおいて、内部通報制度はどのように位置づけられているのでしょうか。同コード内では、「内部通報に係る適切な体制整備を行うべき」と体制整備が必要である旨が謳われており、さらには、「取締役会は、こうした体制整備を実現する責務を負う」と記載されています。コーポレートガバナンス・コードでも、制度を設置するだけではなく、それが機能する体制整備を、取締役会が責任をもって行なう必要性が明確化されています。会社のガバナンスを行なううえで、内部通報制度が必要不可欠とされていることがわかります。

## ☑ 内部通報制度を社内で機能させるには

　以上を踏まえ、内部通報制度を機能させるポイントを考えてみたいと思います。

### 図表4-5　内部通報制度を機能させるポイント

| 1 | 独立性の高い部署に窓口を設置 |
|---|---|
| 2 | 内部通報制度の存在と通報者保護に関する繰り返しの徹底 |
| 3 | コンプライアンス違反に対する毅然とした対応 |

　まず、**社内の窓口を社内組織の独立性が高いところに設ける**ということが重要です。内部通報制度は、「誰が通報したか」という点の秘匿性をいかに信頼性高く確保するかが最も重要となります。その点で、中小企業等、社員数が少ない小規模な組織の場合はそれが困難です。

　社内の組織形態にもよりますが、営業や販売等の事業部門を牽制する機能をもつ部署であれば、通報内容を不利益ととらえ、ないがしろにするリスクを低減することができます。また、人事異動や人事評価を担う

部署ではない部署であれば、通報者の安心感を高めることもできます。その場合、たとえば、監査役や監査役室、法務部等のコンプライアンス担当部署が挙げられます。また、社外の顧問弁護士にも通報できるよう、協力を要請するのも有効な方法の1つと考えられます。

次に、**繰り返しの周知徹底**です。内部通報制度を設置していたとしても、社員が不正・コンプライアンス違反に遭遇した、いざという時に同制度の存在を認識していなければなりません。

さらに、法的に通報者は保護され、不利益を被らない旨も周知し、理解を得る必要があります。内部通報制度の実効性を保つため、社内規程として、「通報者を詮索することは禁止」「内部通報を行なわないよう、部下に働きかけることは禁止」等をルール化することも考えられます。

最後に、社内の風土として**不正・コンプライアンス違反には毅然とした態度を取ることを表明する**ことです。「内部告発」ではなく「内部通報」を機能させるためには、従業員に「ここに伝えればしっかりと対応してくれる」という安心感をもってもらうことが必要です。

そのため、通常業務においても、社内ルール違反や、コンプライアンス違反に対しては、原因追及と再発防止策の策定、違反事例の社内周知等、しかるべき対応を行ない、従業員に対して「当社は高い倫理意識を有している」点を認識させることが重要となります。

中小企業の経営者であれば、「人手不足のなか、コスト部門にこれ以上の人員を割けない」と考える人が多いかもしれません。ですが、法令違反や不正が深刻な状態で、また、外部の指摘により発覚した場合、対応が間に合わず、場合によっては会社の存続を脅かす事態にもなりかねません。内部通報制度を重要な防波堤と認識し、体制整備をしていくことが、会社のさらなる成長を促すことにもつながります。

# 4-3

## 情報漏えいリスクと
## コーポレートガバナンス

### ☑ 増大する情報漏えいリスク

　企業の不正で一番身近に起こり得るのが**情報漏えい**です。会社の機密情報や、顧客の個人情報等、昨今のビジネスは情報をいかに活用するか、が勝負の分かれ目にもなっています。

　一方、形のない情報をいかに管理するかは非常に難しい問題です。パソコンに保存されているファイルはコピーしたり、印刷したりすることができます。また、隣の人の会話がはからずとも耳に入ってくることもあります。

　社内の情報をしっかり管理するには、従業員1人ひとりの高い倫理意識が必要ではありますが、性善説に立ち、従業員を完全に信用した情報管理体制を敷くのも限界があり、万が一の事態が起こった際に、経営者のガバナンス管理の甘さが指摘されるおそれがあります。

### ☑ ベネッセコーポレーションの例

　2014年にベネッセコーポレーションで発生した個人情報漏えい事件は、情報管理に関する会社のガバナンスの問題を突いたものといえます。

　この事件は、ベネッセ社内の顧客情報が、同社のグループ企業に勤務していた派遣社員により外部に売却されていた、という事件です。これを受け、取締役2名が辞任、業績悪化によりベネッセホールディングス連結・単体の15年3月期の決算は赤字に転落するなど、厳しい局面を迎えることとなりました。

　以下に示したのは、ベネッセコーポレーションが公表した「個人情報漏えい事故調査委員会」の調査結果です。

図表4-6　ベネッセコーポレーションの「個人情報漏えい事故調査委員会」調査結果の概要

| | 指摘された問題点<br>（おもに組織体制について） | 再発防止策 |
|---|---|---|
| 基本方針 | • 内部者による情報漏えい等を現実に発生する可能性がある具体的なリスクと想定した上での、二重、三重の対策を講じるといった徹底的な体制までは構築できていなかった。 | • 内部者による不正対策に対しても具体的な方針を改めて策定し、約職員に周知徹底する必要がある。 |
| 組織上の責任 | • 情報セキュリティに関するグループ全体の統括責任者が必ずしも明確に定められていなかった。<br>• 情報セキュリティについてグループ全体で統括的に管理を行う部署が存在しなかった。<br>• 個人情報管理の責任部門が不明確であった。 | • 情報セキュリティに関するグループ全体の統括責任者及び部署を設置すべき。<br>• 個人情報の利用・管理に責任を持つ部門（データオーナー）を定め、その権限等を規程上明確にすべき。個人情報の使用を希望する場合、この部門の承認がなければ、ベネッセグループのいかなる部門においても個人情報を利用できないものとすべき。 |
| 監視機能 | • 高度な専門性を持つ専門家の支援を受けながら厳密な監査を行う必要があったが、そこまでの実効性を持った監査は行われていなかった。 | • 情報漏えいに対する厳しい監視を行う組織を設ける必要がある。<br>• 少しの兆候に対してもログを監視し、単なる監視に留まらず、漏えいがないかを積極的に検査する等実効性の高い監視を行うべき。 |
| 役職員の意識・コーポレート・カルチャー | • 役職員の多くは社内の人間が悪意を持って大量の個人情報を持ち出すことはあり得ないという意識を持っていた可能性が高い。 | • 今回の出来事を変革の好機と捉え、ITガバナンスやコーポレート・カルチャーを変革し続ける企業努力が求められる。 |

出所：ベネッセホールディングス・適時開示資料（2014年9月25日付）より

以上の報告からすると、ベネッセはこれまで、「社内の人間が悪意を持って」不正を行なうことはあり得ない、といった非常に従業員に寄った文化をもっていたことがうかがえます。従業員が数十人の小さな企業であれば、あり得なくありませんが、従業員を連結で2万人以上抱える大企業では、そのような考え方に基づくガバナンスでは限界があったことがわかります。

## ☑ どのように情報漏えいを防ぐか

昨今は、SNSの発達により、従業員個人が発信した情報が一気に拡散されるおそれもあり、非常にリスクが大きくなっています。

**図表4-7 情報漏えいを防止するポイント**

| 1 | 情報漏えいが企業価値失墜に直結する旨を繰り返し周知徹底 |
| 2 | 社内ルール遵守状況についてPDCAを回す |
| 3 | 故意の不正を防ぐハード面の手当てを実施 |

まずは、**情報漏えいが企業価値失墜に直結する重大な事項である旨を繰り返し従業員に説く**ことにより、意識づけを図ることが重要です。とくに最近は、ネット上への情報発信を気軽に、日常的に行なうことが当たり前になっています。公私を混同せず、ネットに載せてよい情報、悪い情報をしっかり区別できるよう、社内での周知徹底を繰り返し行なう必要があります。

また、**情報管理に関する社内ルールを整備し、そのルールの遵守状況について、PCDAサイクルを回す**ことで従業員の意識づけを行なうことも必要です。たとえば、「機密情報を含んだファイルはアクセスできる人を限定したフォルダ以外には保存しない」「帰宅時に機密情報を机上に放置しない」などの社内のルールが遵守されているか、定期的に監査

や部内の自主的な点検を行なうことです。従業員が単に「社内ルールだから」というだけの認識では、ないがしろにされがちです。「なぜその社内ルールが設けられているか」という点について意識できるよう、その重要性を説くことで、実効性が高まるといえます。

　最後に、**故意による情報漏えいを想定したインフラ整備を行なうこと**が必要です。どんなに厳しい社内ルールを設定し、頻繁に監査や部内チェックを行なったとしても、故意によるルール違反を防ぐことは非常に困難です。パソコン操作のログを取る、メールを管理部署により査閲できるようにする等、牽制効果を含め、故意による不正が起こらないよう、ハード面での手当てが必要となります。

### 情報管理に関する社内ルールの例

- 顧客や自社の機密情報を含んだファイルはアクセスできる人を限定したフォルダ以外には保存しない。または、関係者のみの間で共有されているパスワードを付ける。
- 帰宅時に顧客や自社の機密情報を含んだ書面を持ち帰ることは、やむを得ない場合を除き、禁止。業務上、持ち帰る必要がある場合は、上司による承認が必要。
- 帰宅時に顧客や自社の機密情報を机上に放置せず、施錠箇所に保管する。
- メールやFAX、郵便等で誤った宛先に送付したことが判明した際は、本部の所管部署にすみやかに事態を報告する。
- 監査部による検査とは別に、半年に1回、各部署内でルールの遵守状況を自主的にチェックする。

# 4-4

## 従業員持株会とコーポレートガバナンス

### ☑ 従業員持株制度とは

従業員持株制度とは、従業員に対し、給与天引き等で自社の株式を取得させる制度で、通常、企業は従業員の株式購入に対して補助金を付与するなど、有利な条件で購入ができるようにします。

その目的としてはおもに、従業員の財産形成を支援する、およびインセンティブを与えるためとしている企業が大半といえます。非上場企業においては、事業承継対策として持株会が活用されている場合もあります。これは、会社のオーナー自身が株式を保有するよりも、同族関係者以外が保有する株式のほうが一般的には評価額が低くなる制度を利用したものです。また、成長中の企業であれば、将来的な上場をインセンティブとすることも有効となります。

従業員持株会の運営は常設機関により行なわれます。社員が退職する際は、通常は持株会が買い取る形を取るのが一般的です。

従業員持株制度と類似した制度としては、会社の役員や従業員に対して、会社の株式を一定金額で購入することができる権利である「新株予約権」を付与する、「ストックオプション」もあります。この制度も、おもにインセンティブ向上を目的として導入されるケースがほとんどです。

**図表4-8 従業員持株制度とストックオプション**

| 制　度 | 概　要 |
| --- | --- |
| 従業員持株制度 | ・給与天引き等で株式を一定額ずつ購入<br>・おもに従業員が対象 |
| ストックオプション | ・新株予約権を付与<br>・役員、従業員が対象 |

## ☑ 従業員持株会のメリット・デメリット

　上場会社にとっては、コーポレートガバナンス・コードの導入等により取引先や金融機関との株式の持ち合い解消が進んでおり、安定株主対策の1つとして、この従業員持株制度が注目を集めています。

　従業員持株制度導入のメリットとしては、先述のとおり、一番は安定株主となり得ること、福利厚生として資産形成の機会を与えること、勤労へのインセンティブを付与できること、中小企業にとっては、事業承継の1つの手段としても利用できます。

　一方、デメリットとして挙げられるのは、社員にとっては、給与収入と資産形成の双方を勤め先企業に依存してしまうことで、万が一、会社の経営が傾いたときには、給与と、これまで形成してきた資産の双方を失うことになりかねません。また、企業にとっては、安定株主を求める一方、従業員のほうを向いた経営になりがちになるリスクもあります。

**図表4-9　従業員持株制度のメリットとデメリット**

|  | メリット | デメリット |
|---|---|---|
| 会社 | ・安定株主対策<br>・従業員のインセンティブ向上 | ・経営が従業員のほうを向きがち |
| 従業員 | ・資産形成<br>・勤労に対するインセンティブ向上 | ・給与収入と資産形成を同じ企業に依存<br>・株式の処分が機動的にできない |

　従業員持株制度は実際のところ、従業員の資産形成の側面が強く、従業員の経営への参画の側面はあまり強くありません。日本における持株会制度は、日本証券業協会が公表する「持株制度に関するガイドライン」に拠っているところが多く、当該ガイドラインの中では、議決権は「理事長が行使する」「各会員は総会ごとに理事長に対して特別の行使（不統一行使）をする旨の指示ができる」とされています。一方、各会員は理事会の「賛成」の行使について、特段の判断を行なわずに従っている状況がほとんどです。経営へのチェックを効かせるためのツールとしては、従業員持株会はまだ実効性が薄い状況といえます。

# 4-5 労働組合によるチェック機能

## ☑ 労働組合とコーポレートガバナンス

　労働組合も、会社へのチェック機能を発揮します。そもそも、労働組合は労働条件の改善を目的として組成されるものですが、経営の決定は労働に影響する事項も多く、実質的に経営へのチェックを行なっているといえます。

　一方、厚生労働省の調査によると、雇用者数に対する労働組合員数を示した「推定組織率」は2015（平成27）年において17.4％であり、1989（平成元）年の25.9％と比較しても、近年その組織率は低下しています。これは、日本において、通常労働組合には加入しない、非正規雇用者の比率が増加していることが大きな要因と考えられています。

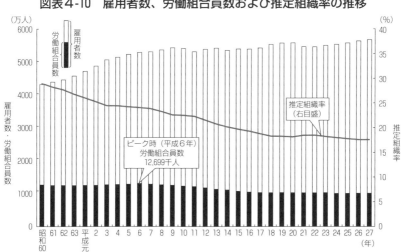

図表4-10　雇用者数、労働組合員数および推定組織率の推移

出所：厚生労働省HPより

# ☑ 連合とコーポレートガバナンス・コード

　日本労働組合総連合会（連合）は、公表されたコーポレートガバナンス・コードの原案に対し、その評価や対応について整理し、公表しています。公表された内容では、コードの内容については一定の評価をしたうえで、労働組合が経営に対してチェック・提言機能を果たすよう促しています。労働組合には、具体的に、「上場規則において開示が求められている項目について、会社のコーポレートガバナンス報告書等で適切に開示されているか、その内容を確認する」対応を求めています。

### 労働組合としてとくに会社に求める事項（連合ＨＰより）

- 会社の経営理念、経営戦略、経営計画、コーポレートガバナンスに関する基本的な考え方や基本方針等について、適切な情報提供・説明および協議の実施
- 企業の持続的な成長と中長期的な企業価値の向上の観点から、経営幹部・取締役（社外取締役を含む）と従業員（労働組合）との対話を通じた職場の実態や課題の把握、および適切な改善の実施
- 社会・環境問題をはじめとするサステナビリティー（持続可能性）を巡る課題について適切な対応の実施、とりわけＥＳＧ（環境、社会、統治）問題への積極的・能動的な取り組みの実施や、これらの課題に係る情報や取り組みについての開示
- 企業や企業をとりまくサプライチェーンの持続的成長の観点から、ＯＥＣＤ多国籍企業行動指針などを踏まえた自社に留まらずサプライチェーン全体での社会・環境問題などへの取り組みの推進
- 社内における女性の活躍促進を含む多様性の確保の推進、そのための環境整備、およびその取り組みについての開示
- 内部通報について、経営陣から独立した内部通報窓口の設置、情報提供者の秘匿と不利益取扱の禁止に関する規律の整備

出所：連合ＨＰより

　なお、連合は、2014年8月に、「日本版スチュワードシップ・コード」に対しても、それを評価する立場を表明しています。

「日本版スチュワードシップ・コード」とは、年金基金をはじめとした機関投資家について、「責任ある機関投資家」としてのあるべき姿が定められているものです。たとえば、「機関投資家は、投資先企業やその事業環境等に関する深い理解に基づく建設的な『目的を持った対話』（エンゲージメント）などを通じて、当該企業の企業価値の向上やその持続的成長を促すことにより、顧客・受益者の中長期的な投資リターンの拡大を図るべきである」（以上、金融庁「日本版スチュワードシップ・コード」指針1-1）といった指針および原則が列挙されています。

それに対して連合は「労働者（労働組合）は資金の所有者として社会や環境に悪影響を及ぼす企業行動に加担する投資を排除し、公正な市場を確立する社会的責任を認識する必要がある」としています。労働者は、年金基金等への資金の出し手として、その投資先に関するチェック機能を担う責任がある、としているのです。つまり、労働者は、年金基金が投資する企業の「株主」としての機能も求められている、ともいえます。連合は、労働組合が年金基金への働きかけを行なう具体的な方法等について、「労働組合のためのワーカーズキャピタル責任投資ガイドラインハンドブック」として取りまとめ、ウェブページで公表しています。

労働組合には、労働条件の向上という目的達成のため、団体交渉などの従来の役割に加え、ガバナンス向上といった経営へのチェック機能発揮など、多面的な経営への働きかけが求められています。前述したように組織率が低下するなど、日本では労働組合の存在感が低下していますが、その機能と存在意義について、改めて見直すことが必要かもしれません。

# 4-6

## 従業員満足度と
## コーポレートガバナンス

　ここまで、従業員とコーポレートガバナンスの関係性について、おもに「従業員によるチェック機能」や「統治の対象としての従業員」といった視点から見てきました。

　ここからは、より高次の、従業員の満足度を「より高める」ことによるガバナンスの向上について述べていきます。

### ☑ 従業員満足度とガバナンスの関係

　なぜ、従業員の満足度の向上がガバナンス向上に必要なのでしょうか。

　従業員満足度は「業務そのもの」と、会社の方針・給与・対人関係・福利厚生など「業務そのもの」以外のものと、大きく2つの要因で決まります。

　従業員満足度が低いと一口にいっても、その要因はさまざまです。「業務そのもの」に対する満足度が低い場合、従業員が漫然と仕事をしており、仕事に取り組む意欲や創意工夫は薄れます。その中にやる気のある社員がいたとしても次第に周囲に影響され士気は低下していきます。このような環境では、規律を守ろうという意識も薄れていくかもしれません。「対人関係がよくない」ことで従業員満足度が低い場合、上司や同僚に相談しにくい環境では1人で仕事や悩みを抱え込んでしまい、ガバナンスがきかない状況に陥る可能性があります。このように、従業員満足度はガバナンスと密接な関係があります。

　そもそも企業活動は、ヒト、モノ、カネ、情報からなります。その中でも最も重要なのはヒトです。なぜなら、ヒトがいてはじめて、モノ、カネ、情報を動かすことができるからです。優秀な人材をどれだけ抱えることができるかが企業の競争力の源泉の1つといえます。

また、従業員満足度が高い企業のほうが、従業員の会社への定着可能性が高くなります。

　従業員の満足度が高ければ、従業員の企業に対する愛着が強まり、仕事の生産性も向上する可能性があります。生産性の向上は業績にも結びつき、外部からの評価にもつながります。そのことによる企業イメージの向上により、新たな人材採用にもつながりやすくなるのです。

　少子高齢化が進み、労働人口が減少している現在の日本では、人材の確保がより困難になってきています。このような状況の中で、人材が定着すること、人材を採用しやすくなることは企業にとって大きなメリットです。

## ☑ 従業員満足の向上が顧客満足を呼ぶ

　従業員満足は、顧客満足とも大きな関係があります。企業が業績を向上させるために、顧客ニーズを把握し、ニーズに見合った商品・サービス提供を行ない、自社の商品・サービスを利用する顧客を増やすという一連の流れは容易に想像ができます。これは、一言でいうと「顧客満足度」を高めることといえます。

　「顧客満足度」を高めるためには、まず、「従業員満足度」を高める必要があります。従業員の満足度を高め、従業員が高い士気をもって仕事に取り組むことで、企業としての魅力が高まり、結果として顧客満足度も高まるという考え方です。さらには、多様な従業員が意見を交わし合うことで、より多様な顧客のニーズに合った新商品・サービス開発が可能になり、「顧客満足度」が高まることも期待されます。

　次節以降で、「ワークライフバランス」と「ダイバーシティ・マネジメント」についても説明していきますが、そうした、多様化する働き方への対応も、従業員満足度に影響してくるのはいうまでもありません。

# 4-7

## ワークライフバランスがもたらす企業価値向上

　ワークライフバランスとは、文字どおり、仕事と生活の調和を指します。高度経済成長時代のように会社に人生を捧げる働き方でもなく、私生活だけを重視するわけでもなく、仕事とプライベート双方が充実することでお互いに相乗効果を与え、よりよい人生になるという考え方です。

### ☑ ワークライフバランスが登場した背景

　なぜ昨今、ワークライフバランスが叫ばれるようになったのでしょうか。それは、多様な働き方が出てきているにも関わらず、働く環境や働き方に関する人々の意識がそれらの変化に対応しきれず、仕事と生活が両立しにくい現実があるからです。

　本来、仕事は生活を支えると同時に、仕事を通じて生活に張りをもたせ、生きがいや喜びをもたらすものです。また、生活はまさに人生の土台であり、仕事と生活双方の充実があってこそ生きがいや喜びは倍増します。

　現代の実際の社会はどうでしょうか。長時間労働で仕事に追われ心身ともに疲れがたまっている人、子育てや介護をしながら仕事をしているけれども時間的ゆとりがなく、その両立に困難を感じる人など、ワークとライフのバランスが取れていない人が多く見られます。これらの問題が生まれる背景として、長時間労働の発生、および女性労働者の増加、高齢化に伴う働きながらの介護の増加等の働き方の変化、そして働くことに対する考え方の多様化があります。

　女性労働者の増加については、かつては夫が働き、妻が専業主婦として家庭や地域で役割を担うという姿が一般的でしたが、1990年代には共働き世帯の割合が専業主婦世帯の割合を上回りました（**図表4-11**）。ま

### 図表4-11　共働き世帯数の推移

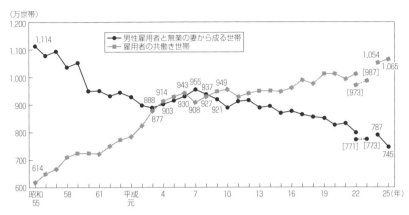

(備考) 1. 昭和55年から平成13年までは総務庁「労働力調査特別調査」(各年2月。ただし、昭和55年から57年は各年3月)、14年以降は総務省「労働力調査(詳細集計)」(年平均)より作成。「労働力調査特別調査」と「労働力調査(詳細集計)」とでは、調査方法、調査月等が相違することから、時系列比較には注意を要する。
2. 「男性雇用者と無業の妻から成る世帯」とは、夫が非農林業雇用者で、妻が非就業者(非労働力人口及び完全失業率)の世帯。
3. 「雇用者の共働き世帯」とは、夫婦ともに非農林業雇用者の世帯。
4. 平成22年及び23年の[ ]内の実数は、岩手県、宮城県及び福島県を除く全国の結果。

出所：内閣府『男女共同参画白書 平成26年版』より

た、女性が働くことに対する意識も変わってきています。「子供ができても、ずっと職業を続ける方がよい」との考えを支持する人がこの20年間で20ポイント以上増加しています（次ページ図表4-12）。

長時間労働の発生については、要因としていわれていることとして、1990年代の不況期の人員削減や採用抑制により、社内の年代構造がいびつになり、管理職がプレーヤーとして現場業務も行ないつつ管理も行なわなければならないことが挙げられます。

長時間労働は、労働による肉体的な負荷だけではなく、睡眠や休養、家庭生活や余暇の時間の不足を引き起こし、心身ともに疲労回復を阻害します。最悪のケースでは、過労死や自殺、精神性疾患などに至ることもあります。サービス業、とくに飲食業や小売業等、パートタイマーが多い業態では、パートタイマーが残業できないぶんの仕事や急な欠員等を正社員がカバーせざるを得ない状況になり、長時間労働が生じやすくなっています。

## 図表4-12　女性が仕事をすることに対する意識の変化

| （該当者数） | 女性は職業をもたないほうがよい | 結婚するまでは職業をもつほうがよい | 子供ができるまでは、職業をもつほうがよい | 子供ができても、ずっと職業を続けるほうがよい | 子供ができたら職業をやめ、大きくなったら再び職業をもつほうがよい | その他 | わからない |
|---|---|---|---|---|---|---|---|
| 平成26年10月調査(3,037人) | 5.8 | 11.7 | 44.8 | 31.5 | 2.2 | 2.0 | 1.9% |
| 平成24年10月調査(3,033人) | 5.6 | 10.0 | 47.5 | 30.8 | 3.4 | 1.4 | 1.3 |
| 平成21年10月調査(3,240人) | 5.5 | 10.7 | 45.9 | 31.3 | 3.5 | 1.4 | 1.8 |
| 平成19年8月調査(3,118人) | 5.5 | 10.7 | 43.4 | 33.0 | 3.6 | 1.4 | 2.3 |
| 平成16年11月調査(3,502人) | 6.7 | 10.2 | 40.4 | 34.9 | 2.7 | 2.3 | 2.8 |
| 平成14年7月調査(3,561人) | 6.2 | 9.9 | 37.6 | 36.6 | 4.4 | 1.1 | 4.2 |
| 平成12年2月調査(3,378人) | 7.8 | 10.4 | 33.1 | 37.6 | 4.1 | 2.7 | 4.3 |
| 平成7年7月調査(3,459人) | 9.0 | 11.7 | 30.2 | 38.7 | 4.3 | 2.8 | 3.4 |
| 平成4年11月調査(3,524人) | 12.5 | 12.9 | 23.4 | 42.7 | 4.1 | 1.5 | 2.9 |

出所：内閣府『女性の活躍推進に関する世論調査 平成26年度』をもとに筆者作成

　昨今、「ブラック企業」の話題がしばしば取り沙汰されます。ブラック企業を長時間労働の観点から考えたとき、2種類存在します。そもそも残業代が払われていない等法令違反をしている場合と、残業代は払っているものの長時間労働が常態化している場合です。

　前者はいうまでもなく是正されるべきですが、後者は働いたぶんに関しては賃金も適正に払われており、仕事は忙しいけれど仕事の中身は充実している、という可能性もあります。ただし、そうだとしても、長時間労働自体が体に長期的に負担をかけ健康を損なうリスクが存在します。企業にとっても、持続可能な企業の成長を目指すうえでは従業員に持続的に働いてもらうことが必要であり、この観点からも長時間労働自体を是正していく必要があるといえます。

近年、労働時間の短縮化に向けた取り組みを行なう企業も増えていますが、未だに長時間労働が常態化している企業がなくならないのが実態です。とりわけ、人材不足に直面しやすい中小企業では、1人ひとりの従業員に対する負荷が高くなる傾向にあります。

## ☑ なぜワークライフバランスに取り組むべきなのか

　企業にとってワークライフバランスに取り組む意義とは何でしょうか。それは第一に、**生産性の向上**です。ワークライフバランスの取れた職場では、従業員は会社から大切にされているという意識をもち、高い士気をもって働きます。従業員がメリハリをつけて効率的に働くことで、企業にとっては人件費の抑制につながります。また、従業員が健康であることは、企業にとって医療費等の従業員の健康に関する費用の軽減にもつながります。

　第二に**人材の定着・確保**です。労働人口が減少するなか、また働き方が多様化するなかで、人材確保は多くの企業にとっての課題です。第一の意義である生産性向上の結果として従業員の満足度が高まり、企業の競争力の源泉である有能な人材の定着の可能性が高まります。また、現従業員の満足度向上の結果として、また、生産性向上の結果の業績等のパフォーマンス向上の結果として企業ブランド価値が向上し、より有能な人材の確保可能性が高まります。パフォーマンスの向上は、外部のステークホルダーからの評価の向上にもつながり、結果として企業価値の向上につながります。

　つまり、ワークライフバランス施策の推進が、直接的には従業員のストレス軽減、欠勤の減少等にプラスの効果をもたらし、そのことが、人材の確保、定着、働く意欲の向上、生産性の向上につながり、中長期的に企業業績向上につながっていきます。

　現在、多くの企業で仕事と家庭の両立、男女共同参画、職場におけるダイバーシティ推進など多様な観点でワークライフバランスの実現に向

けた取り組みが行なわれています。

ワークライフバランスの取り組みとしてわかりやすいものは、勤務時間制度、休暇制度、育児支援・介護支援等の人事管理制度の改善です。ただし、制度の改善だけでは不十分です。従業員が制度を利用しやすい環境の整備、啓蒙、そして業務の進め方全体を見直して、より効率的な業務遂行が可能になるようにしていくことが必要です。

さらに、真のワークライフバランスを実現するためには、仕事の中身の充実も考慮すべきです。質の高い仕事が生活を豊かにし、生活における経験が仕事によい影響をもたらすという好循環をつくることこそが重要になります。この好循環ができてこそ、従業員は企業に対する忠誠心が高まり、従業員の満足度が向上していくのです。

以上を整理すると、企業がワークライフバランス実現に向けて着手すべき取り組みとしては、第一に**制度の整備・改善**、第二に**社員の働き方・意識改革、啓蒙**、第三に**業務の見直し**と、大きく３つあるといえます。

図表4-13　企業におけるワークライフバランス実現の方法

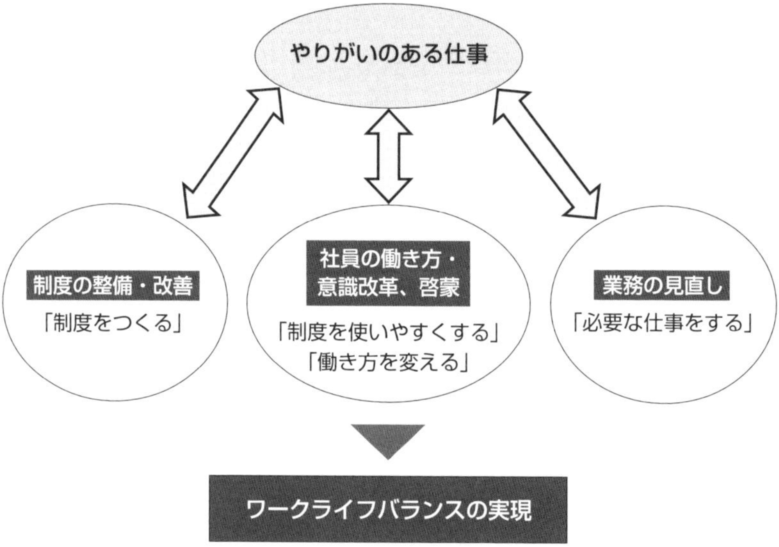

## ☑ 従業員にとってのワークライフバランス

　ここまで企業側からの視点でワークライフバランスを見てきましたが、従業員にとってワークライフバランスの実現はどのような恩恵があるのでしょうか。

　ワークライフバランスの実現により生活に余裕ができると、子育てや介護、趣味活動や地域活動などさまざまな活動を行なうことが可能になります。このような経験や多種多様な価値観をもつ人とのふれあいが、生活を豊かにし、心身を健康にします。また、これらの生活での経験が仕事に活かされることも考えられます。

## ☑ ワークライフバランス実現事例

　ここからは、すでに述べた、ワークライフバランスの実現のための3つの取り組みについて、より具体的なヒントを探っていきます。

　ワークライフバランス実現のための制度に関しては、育児・介護休業法で定められている育児や介護のための両立支援に関わる制度に加え、ある程度の規模の企業であれば、法定以上に充実した制度が整備されるようになってきました。たとえば育児休暇であれば、男性社員も取得できるようにしたり、法定よりも取得できる期間を長くしたり分割して取得できるようにするなどです。

　制度を利用しやすいようにする働き方・意識改革および業務の見直しを加え、トータルでワークライフバランスを確保していく動きも広がりつつあります。

　ベネッセコーポレーションでは、「社員1人ひとりが自立し、自らのワークとライフとを自らの意思でマネジメントすること」を目指してほしいとの考えから、「ワークライフマネジメント」という名称を用い、ホームページで積極的にワークライフマネジメント施策の考え方を示しています。

ベネッセの考え方は大きく３つに分かれます。第一に、従業員がメリハリのある勤務ができるように支援すること。これはたとえば、在宅勤務制度、リフレッシュ休暇等を指します。第二に「いざというときの支援」です。これは、育児・看護・介護などのいざというときに休職や短時間勤務ができる制度です。法定よりも長い育児休業が可能な制度を定め、女性の利用率はもちろん男性や管理職が取得した実績もあります。また、子供が小学３年生まで取得可能な時短勤務制度や事業所内託児所も整備されていて、利用実績があります。第三に健康管理です。従業員が自分自身で健康を守り維持するという予防に重点を置き、健康応援キャンペーンや管理職向けのヘルスケア研修を実施しています。

## ☑ メンタルヘルスの改善

　ワークライフバランスはメンタルヘルスを向上させるきわめて有効な手段です。メンタルヘルスによる社員の休職は、企業にとって損失になります。メンタルヘルスの改善は企業の業績向上にも貢献します。

　あるIT企業では、働き方改革により休職者を減少させることができました。この企業では、年間有給休暇取得日数20日の完全消化と、当時約27時間だった月間平均残業時間を20時間以下にすることを目標にした働き方改革の取り組みを行ないました。この取り組みを役員会の報告事項とし、売上や営業利益などと同等の、重要な経営指標として扱いました。残業削減で浮いた残業手当はすべてインセンティブとして賞与で還元することとしました。

　その結果、取り組みの開始翌年度、「年間有給休暇の取得日数20日、月間平均の残業時間20時間以下」を達成し、企業業績は増収増益になりました。メンタルヘルス不調を理由とする休職者数は半減し、社員意識調査では、「今後も働き続けたいと思う」人と、「仕事とプライベートの調和を実現できている」人の割合がともに10ポイント以上上昇するという結果が出ています。

効率的に働くことを従業員に意識づけることの重要さ、ワークライフバランスが心身の健康に寄与しメンタルヘルス向上につながっていることを示した事例といえます。

## ☑ トータルでのワークライフバランスの実現

前述のように、ワークライフバランスの取り組みは、とかく「育児に対応する働き方」「介護に対応する働き方」など、対象者を絞った個別対応に留まりがちです。

もちろん、制度自体がない企業はまずは制度をつくるところから始めるべきでしょう。しかし、重要なことは、各社員が継続して高いパフォーマンスを発揮できるようにするにはどうするべきかを考えることです。

1社の中でも部署や役職、人によって抱えている業務の内容はさまざまで、当然のことながら、育児や介護と両立しながら働いている人以外の社員にも、みなそれぞれの「生活」があります。したがって、特別な働き方を要する人を対象に制度をつくり、対象者のみに対して啓蒙を行なうのではなく、全社員が取得できるような制度をつくって全社員に啓蒙していくことこそが、従業員1人ひとりのワークライフバランスの実現につながります。

日産自動車では、2014年から一般の社員が使える在宅勤務（一般型）を拡充しました。この制度は特別な事情がなくても、月40時間までの柔軟な在宅勤務を認めるものです。

導入のきっかけは、育児をする社員から、「特別扱いされる制度は使いにくい」という声が上がったことです。それまでも、育児や介護の事情がある社員には、手厚い在宅勤務の制度がありました。しかし、手厚い制度ゆえに、制度取得者以外からは不満があり、職場に不公平感が生まれていました。

そこで同社は、**誰でも利用できる制度を整えて全体の働き方を変え、両立支援を進めようとしました**。一般型在宅勤務制度の導入によって聞

こえてきたのは「介護との両立がしやすくなった」という声でした。介護の事情があれば育児・介護型の手厚い制度が使えるのにも関わらず、あえて一般型を使って介護をしている従業員が少なからずいて、これは理由を申告して使う制度の使いにくさ、周りへの罪悪感の緩和の表われといえます。逆にいえば、そこまで配慮して、使いやすい制度を整えていくことが、これからの企業には求められているのです。

## ☑ 環境整備のその先

　ワークライフバランス実現に向けた枠組みが整備できてもなお、従業員の会社に対する満足度が低い場合、「仕事のやりがい」が満たされていない可能性があります。狭義にはワークライフバランスはワークとライフのバランスが取れていればよいとの考えですが、本来的にはワークの質の部分、つまり従業員が「いきいきと働く」ことができてこそ、ワークとライフの相乗効果が高まります。

　アメリカのフォーチュン誌の「もっとも働きやすいアメリカ企業100選」では、グーグルが2012年から4年連続で1位に輝きました。

　その要素としては、まず土台としての制度・福利厚生の充実があります。フレックス制で勤務の自由がきくこと、社内のカフェテリアが無料であることなどです。それにもまして優れている点として、社内の風通しがよく自分の意見を言いやすいこと、仕事のインパクトが大きくやりがいが大きいこと、社内にサークルが多数あり他部署の人ともコミュニケーションがとりやすいことなど、仕事のやりがい・社内の雰囲気のよさが挙げられます。その結果、グーグルでは、「チャレンジしがいがある」をはじめ「社内の雰囲気が良好」、「報酬がよい」、「社員として誇りがもてる」の項目で、従業員の「はい」の回答率が99％を占めました。

　このように、ワークライフバランスとは直接関係がないように見えますが、社内の風通しのよさも仕事の満足度ややりがいにつながると考えられます。

# 4-8

## ダイバーシティ・マネジメントをどう進めるか

ワークライフバランスと大きく関係する要素の1つに**ダイバーシティ**があります。

### ☑ ダイバーシティとは

ダイバーシティとは、多様性を意味します。企業経営においては「人材と働き方の多様化」を意味し、「**ダイバーシティ・マネジメント**」と呼ばれます。もともとダイバーシティ・マネジメントは、1960年代のアメリカで人種差別の是正・公民権運動を背景に生まれました。

日本では、ダイバーシティというと、その対象として、まず女性を思い浮かべる人が多いかもしれません。しかし、ダイバーシティは幅広く、高齢者や、外国人、障がい者、性的マイノリティなどの活用も重要で、1人ひとりが能力を発揮できることが大切です。ダイバーシティの確保のための手段としてワークライフバランスがあるとも考えられます。

ダイバーシティが叫ばれるようになってきた背景は、かつての日本型経営、つまり男性総合職が終身雇用を前提とした働き方が当たり前ではなくなってきたことにあります。また、この働き方を前提としていては、少子高齢化が進み生産年齢人口が減少している日本では、今後の経営が成り立ちません。労働力としての女性や高齢者、外国人等の重要性が増してきているといえます。

### ☑ ダイバーシティが企業にもたらすメリット

企業にとってダイバーシティがもたらすメリットは、第一に、**多様な人材の能力が発揮できる機会を提供することでイノベーションが生まれ、**

第4章 従業員とコーポレートガバナンス

価値創造につながることです。

　第二に、**多様化する顧客のニーズに応じることが可能になることです。**企業活動の面から見ても、現在、多くの企業の活動の場は日本にとどまらずグローバルに広がっています。具体的には、拠点が海外に設けられるのみならず、顧客、取引先も日本以外の国の人に広がっています。文化や言語、商慣習なども国によりさまざまで、企業に求められるニーズも多様化しています。このような状況に、かつての「日本人男性正社員」だけで応じることは困難です。従業員も多様であるほうが、より広いニーズへの対応が可能になります。

　別の観点として、リスク分散の視点からもダイバーシティは重要です。

　一方で、ダイバーシティが進むと懸念されることとして、価値観の異なる従業員同士のぶつかり合いや、その結果としての求心力の低下があります。それらを解決するために、グローバル展開の進んでいる企業では、企業理念・クレドの浸透を徹底しています。企業の根幹となる理念を共有していることで、言葉や文化は違っても同じ方向を見て企業活動をすることが可能になります。

## ☑ ダイバーシティに関する各種規定と推進の実態

　コーポレートガバナンス・コードでは、企業による女性の活躍促進や多様性確保の取り組みに関する記述があり、原則２－４の中の「女性の活躍促進を含む社内の多様性の確保」の項目で規定されています。女性の活躍促進に関する取り組みが、コーポレート・ガバナンス強化の視点から求められているのです。

原則２－４　女性の活動促進を含む社内の多様性の確保

---

　上場会社は、社内に異なる経験・技能・属性を反映した多様な視点や価値観が存在することは、会社の持続的な成長を確保する上での強みとなり得る、との認識に立ち、社内における女性の活動促進を含む多様性の確保を促進すべきである。

---

出所：東京証券取引所『コーポレートガバナンス・コード』

コーポレートガバナンスの観点から、2015年、各金融商品取引所が定める「コーポレートガバナンスに関する報告書」記載要領が改訂され、役員等の男女別の構成、役員への女性登用状況に関する現状の積極的な開示が推奨されました。

　内閣府男女共同参画局の2015年度の調査によれば、2015年8月時点のCGC報告書の「女性の活躍」に関する記載状況は、「女性活躍の方針・目的」の記載企業は445社で全上場企業の12.4％です。女性従業員比率の高い業種ほど記載が多い傾向が見られます。また、取締役人数、社外取締役人数が多いほど、取締役の女性比率に関する記載が多い傾向が見られます。

　ただし記載されている箇所は「補足説明、その他、ステークホルダー」の中であり、女性の活躍が中心的な記載はされていません。

## ☑ ダイバーシティ推進支援策① 全社員向け制度の整備

　ワークライフバランスについて解説した前節では、従業員が働きやすい職場環境の整備が必要だと述べました。本節では、ダイバーシティの観点から、女性に特化して、女性労働者が望む職場環境について深掘りします。

　女性にとって、就業を継続するうえでの大きな悩みは、育児等の家庭との両立です。子供のいる、もしくは子供が欲しいと思っている働く女性は、男女の差別なく扱われたいという思いがある一方で、育児の都合でどうしても仕事を中断しなければならないことが起きた時のことを考え、フルタイム正社員を諦める女性が存在しています。

　非正社員を選んだ理由を男女別に聞いた調査では、男性に比べ女性の方が「家庭の事情（家事・育児・介護等）と両立しやすいから」を選択した割合が高くなっています（135ページ**図表4-15**参照）。

　ここで考慮しなければいけないのは、多くの女性が、物質的に仕事が終わらないことに対する不安はさることながら、**「周りへ迷惑をかけること」への抵抗感を強くもっている**ということです。

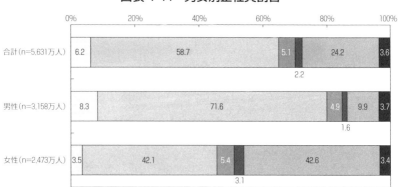

図表4-14　男女別正社員割合

出所：総務省『労働力調査』をもとに㈱日本総合研究所作成

　働く女性も、仕事に求めることの第1位は、「やりがいを感じられる仕事ができる」ことです。これは男女問わず同じです。にも関わらず、「周りに迷惑をかけてしまう」罪悪感から、「やりがいを感じられる仕事」をあきらめ、周りに迷惑をかけない時間の中で働ける仕事を消極的に選んでしまう状況にあります。能力のある、もしくはコストをかけて育成した人材が離職してしまうことは、企業にとって大変な損害です。
　このような思いをもたせずに、イキイキと働いてもらうための環境を整備することこそ、企業が行なうべき施策です。

　女性にイキイキと働いてもらい、かつ女性の感性を活かす仕事の設計をしている企業があります。ある建設業（左官）の企業では、ダイバーシティの取り組みとして、女性職人のみのチームを組成し、女性ならではの感性や視点を活かした新商品開発により業界常識にとらわれないヒット商品を考案しました。現在は、職能のレベルと人材育成の方向性を明示した「職能マップ」を作成し、男女の区別を設けることなく、現場によって臨機応変にチームを編成しています。
　ダイバーシティというと、「女性だけ」「高齢者だけ」「外国人だけ」というように対象のみに目が行きがちですが、ダイバーシティを突き詰

## 図表4-15 男女別・現在の雇用形態を選んだ理由

### 派遣労働者を選んだ理由

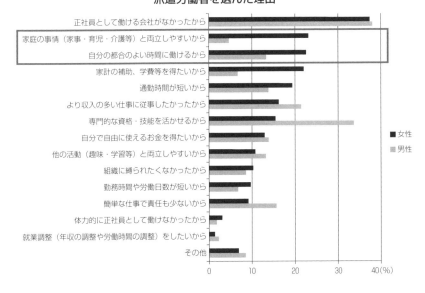

### パートタイム労働者を選んだ理由

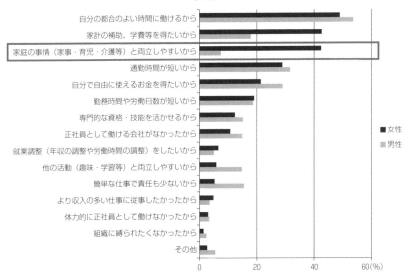

出所：厚生労働省『就業形態の多様化に関する総合実態調査 平成26年報告書』データをもとに㈱日本総合研究所作成

めて考えていくと「誰をも活かす」という考え方になります。ですので、上記の企業のように、取り組み当初は「女性だけ」というように現在の登用が進んでいない人を対象にし、取り組みが進んでいくにしたがって「従業員の別なく」対象を広げていくことが本来の姿といえます。

## ☑ ダイバーシティ推進支援策② 高齢者

　急速な高齢化の進行に対応し、高年齢者が少なくとも年金受給開始年齢までは意欲と能力に応じて働き続けられる環境の整備を目的として、「高年齢者等の雇用の安定等に関する法律」（高年齢者雇用安定法）が2013（平成25）年に一部改正され施行されています。

　この法律は、65歳までの安定した雇用を確保するため、企業に「定年の廃止」や「定年の引上げ」、「継続雇用制度の導入」のいずれかの措置（高年齢者雇用確保措置）を講じるよう義務づけています。この法改正により、希望者全員が65歳以上まで働ける会社も増加しています。その割合は、厚生労働省平成25年「高年齢者の雇用状況」調査によれば、中小企業では68.5％、大企業では48.9％にのぼります。

　しかし、実態としては、定年以降の雇用継続は、賃金は引き下げて福祉的に雇用する企業が多い状況です。経験豊富な高齢者を本当の意味で活かすには、1人の戦力として成果を求め、それに見合った賃金を支払う仕組みが、会社にとっても雇用される高齢者本人にとっても望ましいものと思われます。

　ある中小規模の建設会社では、65歳定年ですが、その後も1年更新で再雇用し、役職も継続します。また、賃金水準も定年前水準を維持します。年齢に関係なく昇給や賞与の支給も行なうことでモチベーションを維持できるようにしています。

　また、中小企業においては、定年の定めのない企業も存在します。本人から申し出があるまでは生涯現役として正社員として働いてもらう仕組みです。従業員が「働き手として期待されている」という誇りをもっ

てイキイキと働くことができます。

## ☑ ダイバーシティ推進の課題

　ダイバーシティの推進の課題として、勤務径庭の複雑化に伴う管理コストの増大、言語等の多様性に配慮した対応をするためのコスト（採用、育成）、バックグラウンドの異なる人たち同士のコミュニケーションにかかるコミュニケーションコストの増大等があります。また、職種の増加や評価処遇の複雑性など、人事戦略が複雑化する可能性があります。

　また、ダイバーシティに取り組む企業が増えてきたものの、女性管理職比率など数字が先行し、形式的であるという印象をもつ人もいるかもしれません。女性比率が他国に比較しても極端に低い以上、ある程度までは形式的な拡大も有用ですが、実力を伴わずに数字が先行すると、従業員個人にも企業業績にもマイナスの影響が出ることも懸念の１つです。

　しかし、これらのコストを投入してでもダイバーシティを推進し定着することは、さまざまな価値観の相乗作用、よりグローバルなビジネスの展開可能性を高め、時代に即した経営が可能になると考えられます。

## ☑ 従業員に関する情報の開示とコーポレートガバナンス

　最後に、従業員に関する情報の開示とコーポレートガバナンスの関係性について整理します。ダイバーシティをはじめとする従業員に関する施策状況の開示は、投資家からの評価につながります。

　近年投資家からの注目度が高まり、開示を行なう企業が増加している情報の１つがダイバーシティです。ESG投資（環境・社会・ガバナンスを考慮した投資手法）との関係でいうと、女性の支援、ダイバーシティは「社会」、女性取締役は「ガバナンス」に含まれます。

　機関投資家が重視する評価基準は、「取締役会の女性取締役比率」「女性従業員比率」「女性管理職比率」であり、内閣府の資料（次ページ**図表4-16**）によると、ESGでよく参照される項目の第２位と第４位に女

性関係の指標が入っています。

**図表4-16　ESGでよく参照される項目**

| 順位 | 項目 |
|:---:|:---:|
| 1 | 取締役数 |
| 2 | **女性取締役比率** |
| 3 | 取締役平均年齢 |
| 4 | **女性管理職比率** |
| 5 | 社外取締役比率 |

出所：内閣府、ブルームバーグ等プロフェッショナル
サービス資料を参考に㈱日本総合研究所作成

　また、経済産業省と東京証券取引所が女性活躍推進に優れている企業を「なでしこ銘柄」として平成24年度から選定・発表しており、投資家の関心を集めています。平成27年度は45社が選定され、そのうち、日産自動車、東京急行電鉄、KDDIは4年連続で選定されています。日産自動車の取り組みの例は、ワークライフバランスの節でも取り上げましたが、ワークライフバランスとダイバーシティは密接な関係があることがおわかりいただけると思います。日産自動車は女性活躍推進を経営戦略の1つとして位置づけており、「女性のキャリア開発支援」「業務プロセスに女性の視点を反映」の2つを柱として取り組んでいます。

　投資家から注目される指標としては、現状ではダイバーシティの中でも女性に関する取り組みの評価が中心ですが、今後女性以外のダイバーシティについても注目が高まることが予想されます。従業員のための施策の充実が、長期的には投資家からの評価につながります。

# 第**5**章

## 消費者と
## コーポレートガバナンス

企業には、顧客や消費者に真摯に向き合うことが当然にして求められます。「株主から見た企業価値の維持・向上」という観点からも、消費者の信頼を得て良好な関係を築くことが重要です。本章では、その実現に必要な自社の監督強化の方策と、ビジョンや理念の社内への浸透をはかる方法を、実際に起こった不祥事等での企業の対処例をもとに解説します。

# 5-1

## コーポレートガバナンスは企業理念を実現する仕組み

　近年、企業の組織活動による消費者や社会への影響がますます大きくなり、企業には責任ある行動が求められるようになりました。

　そうした時代にあって、商品の品質問題や情報隠蔽、データ偽装等の企業による不適切で無責任な行動は消費者の利益を著しく損ないます。たとえば、本章で示していきますが、食品や自動車の品質問題は、消費者の健康被害や事故につながり、場合によっては消費者の命に関わります。上場会社に限らず、企業が不祥事や事故を起こせば、賠償金等の金銭的損害はもちろんのこと、消費者からの評判、知名度やブランドイメージに大きく影響し、売上高や就職希望者数、取引先との関係等さまざまな方面へ影響を与えます。

### ☑ 強まる消費者・世論による企業監視

　評判やブランドイメージのよさが必ずしも売上上昇に結びつくとはいえないものの、不祥事や事故によって、企業が築いてきた評判やブランドイメージは一瞬にして失われてしまう恐れがあります。

　インターネット、とくにソーシャル・ネットワーキングサービス（SNS）の普及に伴い、消費者の情報発信による不祥事発覚やインターネット上に拡散された消費者の不満やクレームが企業の評判やイメージに影響を与えるという事例も増えており、消費者・世論による企業活動への監視の目は強まっているといえるでしょう。

　第7章でCSR（企業の社会的責任）をメインに、社会全体に対する責任について掘り下げて解説しますが、消費者との関係性でのコーポレートガバナンスという観点でも、消費者の信頼を得るため、消費者の利益や安心安全を守る等の消費者課題に取り組み、消費者に対する責任あ

140

## 図表5-1　消費者が企業を評価する際の情報源

| 順位 | 情報源 | 回答割合(%) |
|:---:|---|:---:|
| 1 | 新聞（紙面） | 78 |
| 2 | テレビ | 66 |
| 3 | 雑誌・書籍 | 36 |
| 4 | 企業以外（マスコミや情報提供会社、生活者など）のインターネットサイト | 35 |
| 5 | 企業が運営するインターネットサイト | 26 |
| 6 | 新聞（ウェブ版） | 23 |
| 7 | 企業以外（マスコミや情報提供会社、生活者など）のソーシャルメディア | 22 |
| 8 | 企業が発行する刊行物（会社案内、CSRレポート、アニュアルレポートなど） | 20 |
| 9 | 企業が運営するソーシャルメディア | 3 |
| 10 | その他 | 2 |

出所：経済広報センター『第19回生活者の"企業観"に関する調査報告書』（有効
回答数1,618）より

る行動をとることが求められているといえます。

　また、第3章で述べたとおり、コーポレートガバナンスにおいては、基本的に「会社は株主のもの」という前提に立ちますが、とくに上場企業では、株主の多数は個人投資家であることから、「株主」＝「消費者の代表」ともいえます。機関投資家も、消費者や世論の動向を重要視しています。

　一方で、「企業価値の維持・向上」という観点からは、コーポレートガバナンスは、**自社の経営理念や経営戦略を実現する仕組み**ともいえます。多くの企業は、その経営理念の中で「お客様志向」の視点をもっています。以上のことから、「株主にとっての企業価値」という観点でも、消費者の信頼を得て、良好な関係を築くことがきわめて重要であるといえるでしょう。

# 5-2

## 消費者に対する社会的責任と消費者課題

### ☑ ISO26000が示す「課題」と「原則」

社会的責任に関する手引きであるISO26000では、社会的責任の中核主題として位置づけられる7つの「消費者課題」（**図表5-2**）が記載されています。

その中でも、とくに「課題1：公正なマーケティング、事実に即した偏りのない情報及び公正な契約慣行」、「課題2：消費者の安全衛生の保護」、そして「課題4：消費者に対するサービス、支援、ならびに苦情及び紛争の解決」については、過去にも多くの企業による無責任としか言いようのない行動が不祥事として問題になっています。

企業は、ISO26000に記載されている「説明責任」、「透明性」、や「倫理的な行動」などを含む社会的責任の7つの原則（**図表5-3**）を尊重しながら、消費者課題へ取り組む責任があるといえます。

この章では、まずは消費者の命にも関わる「課題2：消費者の安全衛生の保護」、次に消費者の安心に関わる「課題1：公正なマーケティング、事実に即した、偏りのない情報及び公正な契約慣行」、最後に消費者のニーズへの対応に関わる「課題4：消費者に対するサービス、支援、ならびに苦情および紛争の解決」の順に、事例を踏まえながら、コーポレートガバナンスについて考えていきます。

## 図表5-2　7つの消費者課題

| 課題1 | 公正なマーケティング、事実に即した偏りのない情報及び公正な契約慣行 |
| 課題2 | 消費者の安全衛生の保護 |
| 課題3 | 持続可能な消費 |
| 課題4 | 消費者に対するサービス、支援、並びに苦情及び紛争の解決 |
| 課題5 | 消費者データ保護及びプライバシー |
| 課題6 | 必要不可欠なサービスへのアクセス |
| 課題7 | 教育及び意識向上 |

出所：ISO/JISZ26000「Guidance on Social Responsibility」（社会的責任に関する手引）
　　　より

## 図表5-3　社会的責任の原則と消費者課題

| 原則1 | 説明責任 |
| 原則2 | 透明性 |
| 原則3 | 倫理的な行動 |
| 原則4 | ステークホルダーの利害の尊重 |
| 原則5 | 法の支配の尊重 |
| 原則6 | 国際行動規範の尊重 |
| 原則7 | 人権の尊重 |

出所：ISO/JISZ26000「Guidance on Social Responsibility」（社会的責任に関する手引）
　　　より

# 5-3

## 消費者の安全に対する責任とガバナンス上の問題

前述のとおり、ISO26000において消費者課題の1つとして、「課題2：消費者の安全衛生の保護」が挙げられており、企業は消費者の安全に対する責任があるといえます。「消費者の安全を守る」という点については、さまざまな法令が整備されてきています。たとえば、製造物責任（PL）法もその1つです。

PL法は、設計上の欠陥、製造上の欠陥、指示・警告上の欠陥などの製品の欠陥に対する責任に関する法令です。製造物責任を果たすためには、説明書の改善、消費者視点の検証などを通じて消費者に正しい情報を伝える継続的な取組が必要であり、さらに、事故が起きた際には、早期に再発防止・被害者救済を行なう必要があります。

たとえば、食品を扱う企業であった雪印乳業、そして自動車を製造する米ゼネラル・モーターズ（GM）社は、消費者の安全を守る社会的責任があったといえます。以下、この2社が起こした不祥事について振り返りながら、消費者の安全を守るためのコーポレートガバナンスについて考えていきます。

### ☑ 雪印集団食中毒事件の経緯※

2000年6月27日、有症者が1万4,849人にものぼった雪印乳業大阪工場製造の低脂肪乳による大規模食中毒事件（雪印集団食中毒事件）が発生しました。調査によると、大阪工場では北海道の雪印乳業株式会社大樹工場の脱脂粉乳を再溶解して脱脂粉乳を製造しており、その大樹工場の脱脂粉乳が、黄色ブドウ球菌が産生するエンテロトキシンという毒素により汚染されていたことが明らかになりました（経緯については146ページ**図表5-4**も参照のこと）。

※雪印食中毒事件に係る厚生省・大阪市原因究明合同専門家会議「雪印乳業食中毒事件の原因究明調査結果について―低脂肪乳等による黄色ブドウ球菌エンテロトキシンA型食中毒の原因について―（最終報告）」（平成12年12月）に基づく

汚染の直接的な原因は、同年３月31日に発生した大樹工場の停電事故でした。大樹工場電気室の屋根が氷塊落下により破損、雪解け水が電気室遮断機絶縁部に侵入し、工場全体で約３時間にわたる停電が起こっていたのです。このため、生乳分離工程において約３時間30分、ライン乳タンクにおいて約10時間、乳が十分な温度管理がなされぬまま滞留し、乳中に黄色ブドウ球菌が増殖しエンテロトキシンが産生されました。

　大樹工場の停電事故の翌日、約900袋の脱脂粉乳が製造され、出荷前の品質検査で社内基準を超える１ｇあたり約９万8,000個の一般細菌が検出されました。このため、当日製造された脱脂粉乳のうちおよそ半分が最終検査で不合格となり、製品として出荷されず、仕掛品として処理されました。しかし、廃棄されることなく大阪工場において再利用されたのでした。

　大阪工場では、脱脂粉乳の製造工程中で再び熱殺菌処理されたことで黄色ブドウ球菌が死滅し、出荷前の品質検査にも合格しました。ただし、熱に非常に強い耐性をもつエンテロトキシンは残留しており、汚染されたまま出荷されることとなったのです。


　事件直後、雪印乳業のトップは対応に手間取り、商品の回収や消費者への告知に時間を要したために被害が拡大し、社会から強く非難されることとなりました。結果として、雪印ブランドの商品は小売店から撤去され、雪印の売上は激減し、株価も急落するなど、雪印乳業への影響はもちろんのこと、牛乳、乳製品をはじめとする加工食品に対して、不信感を抱かせることとなり、社会に大きな影響を与えたのでした。

　当時の厚生省の報告資料では、「大阪工場及び大樹工場におけるずさんな衛生管理」、「製造記録類の不備等の食品製造者として安全性確保に対する認識のなさ」、「事件公表の遅延による被害者の拡大」の３点が大きな問題点として指摘されています。

　このように、雪印乳業の事例からは、直接的な原因であった停電事故から、大阪工場による製品出荷に至るまでに、さまざまなガバナンスの問題があったことが見てとれます。

図表5-4 雪印集団食中毒事件の概要

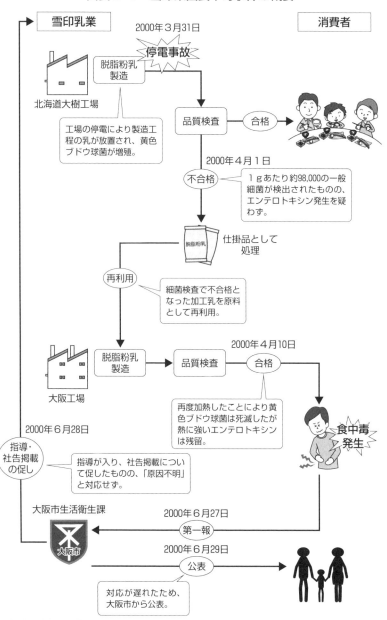

出所：各種資料より筆者作成

# ☑ 雪印集団食中毒事件から見るガバナンス上の問題

## ①安全性に対する認識の甘さ

　コーポレートガバナンス上の問題点として挙げられるのは、雪印乳業の安全性に対する認識の甘さです。この事件では、雪印乳業が仕掛品の未出荷乳を再利用していたことが大きく報道されました。乳の再利用については、製造者の管理のもと摂氏10度以下に保存される等の衛生管理がなされており、かつ品質保持期限内のものであれば、食品衛生法上は問題ないとされてきましたが、「乳及び乳製品の成分規格などに関する省令」（以下、乳等省令）では、加工乳から加工乳への再利用は認められていませんでした。

　雪印乳業は自社の報告書において、「加工乳から加工乳への再利用について、乳等省令の解釈が問題となり、これを当然許されると考えていた業界の解釈と社会の理解との乖離が明らかになった」と記載しています。つまり、「業界の常識」をベースとした考えに則った行動が問題であったといえるでしょう。厳密には法令違反であっても「利益確保のため」「たぶん他社もやっているので大したことではない」などという考えで、消費者の感覚とかけ離れた企業活動を続け、このような事件へと発展してしまったといえます。

　とくに、雪印乳業の現場従業員においては、食品を扱う立場にあるにも関わらず、細菌により産生する毒素は加熱しても毒素を失わないというような、食品安全に対する知識が不足していたことが指摘されています。自社のような大手企業が問題を起こすはずはないという過信により、安全教育がきちんとなされていなかったのは、ガバナンスの問題であったといえます。

　厚生省の報告では、雪印乳業の工場内において、製品保管庫の清掃記録を残しておらず、さらには、出荷調整のために日常的に製造日等の改ざんが行なわれてきた等のマニュアル遵守の不徹底が指摘されています。このような状況のなか、衛生管理の意識が低下してきていたことが問題として挙げられます。

第5章
消費者とコーポレートガバナンス

②対応の遅れ

　この事件が発覚したのは、前述したとおり、大阪市生活衛生課に被害の第一報が入った2000年6月27日でした。この一報を受け、大阪市は、翌28日に製品回収を雪印に指導したうえで社告の掲載を促しましたが、雪印乳業は「原因が特定できない」等を理由に公表を拒みました。このため、翌29日に大阪市が先に食中毒被害の事実を公表する流れとなったのでした。結果的に、雪印乳業が記者会見を開いたのは、被害の第一報が届いてから2日が経過した6月29日の夜でした。

　消費者の安全を守るために、汚染の可能性がある自社製品の回収や記者発表などを迅速に行なうべきところ、自社のブランドを守ることを最優先したために決断を遅らせてしまいました。社会的責任の原則、「説明責任」「透明性」という点が守られなかったといえます。

　すでに社内でも苦情や問い合わせが届いていたにも関わらず、被害が拡大する可能性を認識せず、トップの決断・対応が遅れたという事実は、ガバナンス上、大きな問題だったといえるでしょう。

## ☑ GM社による欠陥放置問題の概要

　2014年、米ゼネラル・モーターズ（GM）社の自動車のエンジン点火スイッチの欠陥が10年以上も放置されていたことが発覚しました。GMは点火スイッチで260万件をリコール（回収・無償修理）したのをきっかけに品質上の不具合を全面的に見直す取り組みを始め、3,000万台ものリコールを迫られ、関連費用として14年1〜6月期に25億ドルを計上しました。

　この欠陥が原因で、10年間で124件の死亡事故と275件の負傷事故が確認され、集団訴訟が起きました。15年9月17日に和解は成立したものの、米司法省に制裁金と集団訴訟の和解金の計1,770億円にのぼる和解金の出費となりました（2015年9月18日付日本経済新聞朝刊より）。

## ☑ GM社大規模リコールから見るガバナンス上の問題

　GM社CEOメアリー・バーラは、従業員に対して、「社内に官僚気質が蔓延し、複数の部署で担当者が安全性の問題に対処しなかったため、適切な対策が取られませんでした。繰り返しになりますが、重要な情報を明らかにしなかった人々がいたのです」と語っています（2014年8月6日、ハーバードビジネスレビュー『GMは根深い企業体質を変えられるか』より）。

　この発言のとおりなら、従業員は安全性への懸念、そしてそれに対処することの重要性をトップに報告することがなかったわけです。GMの元社長エド・コールの息子であり、アメリカ自動車研究センターの元センター長デイビッド・コール氏も、「アメリカの自動車メーカーの多くは問題への対応が遅い、幹部に悪いニュースを伝えない、コスト削減を最優先するといった風土があり、それがこの問題に深く関わっている」と指摘しています（同前）。

　このように、複数の専門家は、「隠蔽」や「故意」による問題ではなく、「いつもどおりのやりかた」について疑問をもたずに行動した結果であり、つまりは組織文化の問題であると指摘しています。ハーバード・ビジネススクールのデイビッド・A・ガービン教授は、このような「企業文化は組織に深く根を下ろしているため、変えるのは容易ではない」と指摘しており（同前）、企業文化の改革を進めることがガバナンスとして重要であるといえるでしょう。

# 5-4

## 正しい情報提供への責任

　ここでは、「説明責任」や「透明性」という社会的責任を果たさず、消費者に対して事実とは異なる情報を提供し、前出の「課題１：公正なマーケティング、事実に即した偏りのない情報及び公正な契約慣行」への取り組みを怠ったといえる事例から、コーポレートガバナンスを考えていきます。

### ☑ VW社の排ガス不正問題の経緯

　2015年９月、独フォルクスワーゲン（VW）社の販売するディーゼル乗用車において不正ソフト「無効化機能」（Defeat Device）が組み込まれていたことがアメリカの環境NPOの調査によって発覚しました。「無効化機能」とは、排出ガス認証試験中であることを検知し、排出ガス認証試験中は排出ガス低減装置を働かせる一方、実際の走行時には排出ガス低減装置を働かせないようにしていたというものです。実走行時には、最大で規制適合レベルの40倍ものNOxを排出していました。

　VW社は08年以降にアメリカや欧州などで無効化機能を組み込んだディーゼル車を「クリーン・エンジン」として広告し、販売していました。その結果、VW社は世界規模での補償請求を受ける結果となりました。

　16年６月28日、米環境保護局（EPA）など関連当局は、VW社が最大約147億ドル（約１兆5,000億円）を支払うことで和解したと発表しました。アメリカのメディアによると、自動車メーカーが不正問題対応で、アメリカで支払う金額としては過去最大になると報道されています。

　日本においては、この事件が発覚した後、同様な不正ソフトを利用した際には、わが国での新規検査時においても合格してしまうおそれがあることから、国土交通省および環境省において、「排出ガス不正事案を

図表5-5　独VW社の排ガス不正問題の概要

出所：国土交通省『フォルクスワーゲン社による排出ガス不正事案について』より作成

受けたディーゼル乗用車等検査方法見直し検討会」が設置され、ディーゼル乗用車等への不正ソフトの使用は禁止されました。

## ☑ VW社の排ガス不正に見るガバナンス上の問題

　長年、VW社の経営体制やガバナンスについて研究してきた、明治大学商学部の風間信隆教授は、もともとドイツ企業は長期関係主義が特徴であったものの、資本市場がグローバル化し、機関投資家からの圧力が大きくなるなか、企業は市場対話型のガバナンスへと転換していき、一方で、VW社は、従業員や株主であるニーダーザクセン州など、ステークホルダーと一体となって繁栄に向かおうとする経営を続けてきたとしています。風間教授は、このような状況が結果的に、慣れ合いや閉鎖的な体質につながっていったという側面を指摘しています。また、長年VW社の取材を行なってきたジャーナリストの熊谷徹氏によると、上司の命令には逆らえない風土があったことも指摘されています（熊谷 徹『偽りの帝国』文藝春秋刊）。

　ディーゼル車では、エンジンの燃焼効率を上げれば燃費が向上する一方で、空気中の窒素と酸素が反応し、窒素酸化物（NOx）が発生しや

すくなり、エンジンの耐久性にも影響が出るというジレンマがあります。各社さまざまな技術によって問題解決に努めているなか、アメリカ環境保護局がVW社の排ガス不正を公表する前から外部の部品メーカーや社内の技術者などから不正を指摘する声が挙がっていました。

　2015年10月のVW社の記者会見で公表されたディーゼル車の排ガス不正をめぐる初期の調査結果によると、不正は05年のアメリカ市場に投入するためのディーゼルエンジンの開発決定時に始まったとされています。限られた時間と予算のなかでアメリカの厳しい排ガス規制に合わせようとして不正に手を染めたと説明しました。VW社では07年時点で約570万台だった世界販売台数を18年までに1,000万台にする計画を推進するなど、無理な拡大路線により、売上・利益が優先されていました。

　環境にやさしい車が好まれるようになったアメリカ市場の厳しい窒素酸化物（NOx）排ガス基準を、燃費を下げずに達成することを経営陣により要求されたことで、技術陣においては、本来なすべき公正なマーケティング、消費者への正しい情報を提供するというコンプライアンス順守の意識が薄らいでいったといえるでしょう。また、VW社内の風通しの悪さやトップダウンの社風により、「できない」といえないような環境にあったことも垣間見られます。

　結果的に、VW社は自社の利益を優先し、不正ソフトウエアの導入という手段を選択するに至りました。ちなみに日本のメーカーの大半はアメリカでディーゼル車を販売していません。VW社の風通しの悪さ、トップダウンによる目標達成の圧力など、これらはコーポレートガバナンスの問題といえるでしょう。オープンなガバナンスへ変革していくことが必要であることが指摘されています。

## ☑ 雪印食品牛肉偽装事件発生の経緯

　先述した、2000年6月に発生した集団食中毒事件から1年半後の02年1月23日、同じ雪印乳業グループである雪印食品が、輸入牛肉を国産と偽り業界団体へ売っていたことが取引先の内部告発によって発覚しまし

### 図表5-6　雪印食品・牛肉偽装事件の概要

**2001年**

| | |
|---|---|
| 10月18日 | 全頭検査開始 |
| 10月26日 | 農水省、市場隔離対策を発表 |
| 10月31日 | 雪印食品㈱、豪州産牛肉を国産牛肉の箱に詰め替え |
| 12月14日 | 農水省、隔離牛肉を焼却処分とする方針を発表 |

**2002年**

| | |
|---|---|
| 1月23日 | 雪印食品㈱、新聞報道の疑惑が事実である旨の記者発表<br>近畿農政局、事業団から成る調査チームが現地調査を実施 |
| 1月25日 | 牛肉関係の営業活動の自粛等を要請 |
| 2月1日 | 兵庫県警に対して刑事告発 |
| 4月30日 | 雪印食品㈱解散 |

出所：農林水産省『牛肉在庫保管・処分事業に係る偽装事件の概要』より

た。これは、01年9月10日に国内で牛海綿状脳症（BSE）感染牛が発見されたことに伴う国の「牛肉在庫緊急保管対策事業」を悪用したものです。

「牛肉在庫緊急保管対策事業」とは、国民の牛肉に対する不安払拭のため、全頭検査実施以前に、解体・冷凍保された国産牛を、国が事業者から買い上げ、焼却処分するという対策です。BSE感染牛の発見に伴う消費者の牛肉買い控えによる大量の在庫を抱える状況があったことや、国産牛と輸入牛肉に大きな価格差があったこともあり、雪印食品はこの制度を悪用し、安価な輸入牛肉と国産牛肉とをすり替えて申請し、交付金を不正に請求したのです。

そして、事件が顕在化してから3か月後の02年4月末、雪印食品は解散したのでした。

153

## ☑ 雪印食品牛肉偽装事件から見るガバナンス上の問題

　本件の最大の原因として挙げられるのは、やはり当事者の考えが企業倫理に反するものであったということです。

　事件があった当時は、前述の雪印乳業の集団食中毒の影響による売上減少によって経営状況が悪化していたこともあり、VW社の事例と同様に、利益確保に注力をしていた時期でもありました。そのため、このような制度を悪用したものと考えられます。

　また、当時の食肉業界では、原産地ラベルの張り替え、加工日や賞味期限の改ざん等の偽装行為が日常化していたと指摘されています。雪印乳業集団食中毒事件と同様に、「業界のあたりまえ」「業界の常識」に染まって倫理観が低下していたことが影響していると考えられます。

　もう1つの原因として、GM社やVW社と同様に、組織風土の問題が挙げられます。この事件では、ラベルを張り替えるという誰が見ても明らかな詐欺行為が行なわれていたにも関わらず、社外の人である取引先による告発があるまで事件が発覚することはありませんでした。消費者の感覚、社外の人の感覚からすると明らかに倫理的に問題のある行為が雪印食品によって行なわれた背景として、手段を選ばず自社の利益を最優先する組織風土、そしてたとえ倫理的に問題がある行為だとしても、上司の指示に逆らうことができないという風通しの悪い風土が深く関わっているといえるでしょう。

　食品を扱う企業としての責任についての認識の甘さ、業界の常識に染まり消費者の意識とかけ離れた倫理観、そして風通しの悪いトップダウンの風土は、いずれもコーポレートガバナンスの問題といえます。社員1人ひとりがコンプライアンス意識をもち、食品を扱う企業としての消費者に対する責任を認識していたとしたら、このような詐欺事件が起こることはなかったでしょう。

　結果として、まだ消費者に届けることができる商品を補助金確保のために焼却処分とし、さらには消費者の食品の原産地等のラベルに対する信用を失墜させることとなりました。

# 5-5

## 苦情・クレームへの正しい対応例

　ここでは、「課題4：消費者に対するサービス、支援、ならびに苦情及び紛争の解決」について考えていきます。消費者との関係性でのコーポレートガバナンスでは、消費者の声に真摯に耳を傾けることが、消費者視点でのサービス・商品の品質向上に結びつき、消費者の利益につながるといえます。

### ☑ ネスレのパーム油問題

　2010年、世界最大の食品・飲料会社のネスレグループが原料として使用していたパーム油の調達先の1つが、森林破壊を助長する生産方法でパーム油を製造しているとされるインドネシア最大のパーム油会社シナール・マス社であるという実態が、国際環境NGOグリーンピースにより告発されました。

　グリーンピースは、インドネシアの森林破壊につながり、絶滅が危惧されるオランウータンの生息地を脅かすパーム油を使ったネスレの商品を買わないように訴えたキャンペーンビデオを作製し、消費者に訴えかけました。このパーム油を使っていた商品が、世界中でなじみのあるキットカットであったことも相まって、SNS上でキャンペーンビデオが拡散され、世界各国の消費者から30万通を超えるクレームが集まったのでした。

### ☑ ネスレのとった迅速な対応

　ネスレは、このキャンペーンビデオが発表されてからわずか2か月ほどで、森林破壊をしてつくられた原料を使用することをやめ、持続可能

な原料に切り替えるとの画期的な調達ポリシーを発表しました。そして、国際NGO団体のザ・フォレスト・トラストとパートナーシップを締結し、当該調達先からの調達を停止する等サプライチェーンの改善にも努めました。こうして、迅速に問題を収束することができたのです。

　グリーンピースは、かねてからシナール・マス社に対して、森林や泥炭地を破壊しない方法で事業を行なうよう働きかけてきており、消費財メーカーのユニリーバ社や食品・飲料会社のクラフト社がシナール・マス社との契約見直しを発表していました。消費者のクレームにより、このような社会・世論の価値観の変化に気づき、時代の流れに合わせて、ネスレは迅速に対応したのです。


　いわゆるコンプライアンス（法令遵守）はもちろんのこと、消費者からの苦情、クレームへの対応も重要なコーポレートガバナンスであるといえます。同時に、クレームにより消費者の意識の変化を感じ取ることができるともいえます。とくに近年では、森林伐採などの環境への影響を消費者は意識するようになってきています。

　このような時代の流れのなかでは、自社の企業活動が環境へどのような影響を与えているのかという点についての透明性、説明責任はますます求められることになります。消費者の意識によっては、環境への影響に考慮した企業活動へと変革していくことが必要となるでしょう。

　また、環境問題以外にも動物に対する扱いについても、消費者の価値観の変化が見られます。とくに、化粧品や日用品の動物実験については、動物に対する倫理的扱いを求める消費者の動きがあります。たとえば、化粧品・バス用品メーカーのLush社では、「NO！動物実験」として創業期から化粧品のための動物実験反対の声を上げています。資生堂は2013年から化粧品・医薬部外品における動物実験を廃止しています。

　近年では、欧米を中心に、動物実験を行なった化粧品の販売が禁じられています。このような消費者意識の高まり、国際社会の動きのなかでは新たに、動物に頼らない、より倫理的な製品開発方法が求められるようになるでしょう。

# 5-6

## 消費者を守るコーポレートガバナンスの構築

　ここまで記した不祥事の事例から見てとれるように、企業が、株主との関係だけではなく、消費者を含むさまざまなステークホルダーとの関係のなかで成り立っているという意識をもつことが重要です。コーポレートガバナンスとは、このような意識のもと、株主や自社の利益だけではなく、消費者の利益も守るための取り組みであるといえます。

### ☑ 問題を共有するオープンな組織文化の構築

　VW社の事例でも根本的な要因であったように、日本の企業も長期的な関係性を重視する傾向にあり、馴れ合いで閉鎖的な組織文化になりがちだといわれています。また、VW社と同様に、トップの命令は絶対というような組織文化も稀なことではありません。このような組織文化の中では、消費者よりも自社の都合のよいように行動する可能性があるため、よりオープンな組織文化の構築が必要となります。

　そのためには、たとえば第4章で解説した**内部通報制度の活用**が効果的と考えられます。VW社やGM社の問題では、技術担当者の一部は問題に気づいていた可能性が指摘されていますが、閉鎖的な組織文化であったがために、その問題がトップに共有されることはありませんでした。内部通報制度がしっかりと活用されていれば、社内で問題が共有され、事件を未然に防ぐ、もしくは被害を最小限に防ぐことが可能であったともいえます。

　東洋経済新報社のレポートで内部通報件数ランキングが発表されていますが（次ページ**図表5-7**）、ランキング上位の企業の多くは風通しのよい風土があり、また、比較的CSRに力を入れている企業が多いことが見てとれます。この制度を「仕組みがあるだけ」という状態ではなく、

図表5-7　企業別内部通報件数ランキング

| 順位 | 企業名 | 内部通報件数<br>（2014年度） |
|---|---|---|
| 1 | セブン＆アイ・ホールディングス | 705 |
| 2 | ドウシシャ | 554 |
| 3 | 明治安田生命保険 | 357 |
| 4 | 日本電信電話 | 322 |
| 5 | 損保ジャパン日本興亜ホールディングス | 243 |
| 6 | ＩＨＩ | 238 |
| 7 | ヤマトホールディングス | 236 |
| 8 | カルソニックカンセイ | 234 |
| 9 | アイシン精機 | 228 |
| 10 | ＬＩＸＩＬグループ | 215 |
| 11 | パナソニック | 200 |
| 12 | 花王 | 180 |
| 13 | 大和ハウス工業 | 175 |
| 14 | 新日鐵住金 | 155 |
| 15 | 日本ハム | 153 |

出所：東洋経済新報社 東洋経済オンライン『最新！「内部通報が多い」100社ランキング（2016年9月5日）』より

しっかりと活用されている状態にすることが大切だといえるでしょう。

## ☑ 自社に対する監督強化

　消費者の権利を守るための法令は、いくつか整備されているものの、過去の事例を見ると、「法令を守る」という姿勢だけでは、コーポレートガバナンスとして十分であるとは言い難いでしょう。雪印乳業や雪印食品の事例にあったように、業界内の常識、業界内での法令の解釈等に沿って行動しているだけでは消費者・世間の感覚とはずれた行動になってしまう可能性があり、「慣れ」や「過信」によって不祥事につながる可能性が考えられます。

　ネスレの事例でも示したとおり、消費者の環境や企業の不正に対する

問題意識は高まっており、いままで以上に透明性や説明責任が求められているといえます。たとえば、日本ではまだ認知度が低いものの、海外では「フェアトレード」に対する消費者の意識の高まりがあります。

フェアトレードとは、「開発途上国の原料や製品を適正な価格で継続的に購入することにより、立場の弱い開発途上国の生産者や労働者の生活改善と自立を目指す『貿易のしくみ』」（フェアトレード・ラベル・ジャパン（FLJ）ホームページより）のことです。安心、安全で環境に優しいものを消費者が求めるように、開発途上国の生産者の生活改善と自立につながる商品を求める消費者が増加しているのです。つまり、ネスレの事例でも見られたように、商品の品質に対する透明性だけではなく、生産者との関係性にも透明性が求められているのです。

企業としては、価格交渉力の強い企業によって不平等な取引を強いられていた生産者がいる貿易構造を見直し、フェアトレードに取り組むことも必要となってくるといえるでしょう。このように、組織がコンプライアンス意識をもち、「法令を守る」以上の自主的な取り組みが重要となってくるということです。

## ☑ ビジョンと理念の浸透を図る

最後に、ビジョンや理念の浸透の重要性について述べておきます。本章のはじめに、「コーポレートガバナンスとは自社の経営理念や経営戦略を実現する仕組みでもある」と定義しましたが、実現するにはやはりその価値観が社内全体で共有されている必要があります。トム・ピーターズがベストセラー、『エクセレント・カンパニー』の中で、企業における価値観共有の重要性について記しているとおり、ビジョンや理念はコーポレートガバナンスにとっても重要だといえます。

雪印乳業は「生命の輝きを尊重し、人々の健康づくりを通じて、味わい豊かな生活とイキイキとした未来に貢献します」というフレーズを企業理念として掲げていましたが、自社の企業理念が忘れ去られてしまっていたとしか思えません。この価値観が共有されていれば、食品衛生上

の問題意識が高まり、社内の情報共有がなされ、倫理的に問題のある対応はなされなかった可能性があると思われます。

　このように、前述のさまざまな事例から、「誰のために事業を行なっているのか、何のために事業を行なっているのか」という、目先の利益の追求などによって左右されない基本的な価値観の共有がなされていれば、社員1人ひとりが間違った判断をせず、ガバナンス上の問題を未然に防ぐことができたといえるでしょう。そう考えると、ビジョンや理念の浸透、そしてそれを実現するために継続的に取り組む姿勢が、コーポレートガバナンスにおいても重要であるといえます。

　ビジョンや理念を浸透させるためには、ビジョンや理念に込められた経営者の思いなどの背景を伝えること、社員がビジョンや理念を具体化した事例を共有したり議論したりする場をもつこと、さらには、人事評価としてもビジョンや理念を体現した行動を評価することなどの取り組みが重要であるといえます。

　ビジョンや理念は短期間で浸透するというようなものではなく、時間がかかるものですが、社員が目先の利益だけではない共通の価値観を共有することは、コンプライアンス意識をもち、消費者に対して責任を認識して自立的に行動できるような組織をつくっていくうえで不可欠であるといえるでしょう。

# 第6章

債権者と
コーポレートガバナンス

企業に対しては通常、さまざまな債権者が存
在します。本章では、仕入れ先・発注先、社
債権者、金融機関など、ステークホルダーと
しての債権者について、まず整理します。そ
のうえで、メインバンク制をとってきたわが
国においては、多くの企業にとり最大の債権
者といえる金融機関との関係性をどのように
築いていくべきか、まとめていきます。

# 6-1

## 会社にとっての債権者とは

コーポレートガバナンスを債権者との関係という点で見ると、資金の出し手の1つである金融機関を筆頭にさまざまなプレーヤーが関係してきます。本章では、おもな債権者を整理した後に、それぞれの債権者とガバナンスについて記載していきます。金融機関については、さらに深掘りを行ない、金融機関の役割だけではなく、複数行がファイナンスを行なう場合に企業が求められるガバナンスについて記載します。

### ☑ 債権者の種類

債権者とは、会社に対して「債権」を保有しているものを指し、財務諸表で見ると、「負債」の項目に出てくる先ということになります。会社に対しては、さまざまな債権者が存在します。まずは、債権者の種類から見ていきます。

会社におけるおもな債権者は、**図表6-1**のようにまとめられます。以下、順に具体的に解説していきます。

まず、**仕入先・発注先**です。仕入先等から商品を購入したりサービスを受けたりした際、この購入等のタイミングとお金を支払うタイミングは異なることが一般的です。たとえば、「納品月末締め、翌月末支払い」といったケースの場合、販売した企業は納品した次の月の末日まで当該商品の代金は受け取れないこととなります。このような場合、商品に対する代金分を、販売した企業が納品後時受領するまで債権として保有することとなります。

次に、**従業員**が挙げられます。従業員＝債権者ということは通常あまり意識されないかもしれません。しかしながら、**従業員も立派な債権者**です。従業員は、雇用契約のもと、賃金をもらいながら当該企業で労働

図表6-1　おもな債権者の種類

| 債権者 | 概　要 | 貸借対照表上の記載例 |
|---|---|---|
| 仕入先・発注先 | • 仕入れ先等商品やサービスを購入している先<br>• 一般的に商品・サービスを受領した後にお金を支払うため、仕入先等は債権を保有することとなる | • 買掛金<br>• 未払金 |
| 従業員 | • 当該企業で働いている従業員<br>• 月給のほか、報酬の一部を賞与や退職金という形で企業が保有することとなるので債権となる | • 賞与引当金<br>• 退職給付引当金 |
| 社債権者 | • 社債を引き受けた企業（もしくは個人） | • 社債 |
| 金融機関 | • 企業側から見ると、資金の貸出しを受ける先 | • 短期借入金<br>• 長期借入金 |

を行なっています。労働の対価の多くは月額の給与として支払われていますが、それ以外に「賞与」という形や「退職金」という形で支払われることが一般的です。このように労働の対価の一部は期間を経て支払われることとなるため、債権者として位置づけられることとなります。

　続いて、**社債権者**が挙げられます。社債権者とはその名のとおり、社債を引き受けた会社もしくは個人のことです。社債発行は、これまで大企業が中心でした。しかしながら、最近では保証制度の充実等により、中小企業でも活用される例が増加しつつあります。また、社債は満期一括での返済が一般的であるため、資金繰りに余裕が生まれやすいというメリットも増加を後押ししています。

　最後に挙げられるのが債権者として大きな影響力をもつ金融機関です。金融機関は、企業に対して資金の貸出しを行ない、期日までに返済することを約束する債権を保有しています。

　このうち、2点めに挙げた従業員との関係については第4章で詳述しました。本章では、仕入先との関係、社債権者との関係および、歴史的に見てもコーポレートガバナンスという点で重要な役割を果たしてきた金融機関との関係について詳しく見ていきます。

第6章　債権者とコーポレートガバナンス

163

# 6-2 仕入先・発注先等の重要性を知る

　仕入先・発注先との関係は、販売先との関係に比べ一般的に関係が希薄になりがちです。しかしながら、ガバナンスという点では販売先と同様に重要です。その2つの理由を以下に述べます。

## ☑ 発注先管理の重要性

　購入企業から仕入先から提供を受ける商品は、一時的に在庫となるケースが大半です。よって、購入企業は販売先の動向を見極め、可能な限り在庫を少なくするように発注することを目指します。この行動自体は企業経営においてとても重要なことなのですが、過度にこの効率性を求めると、仕入先への「買い叩き」、「無理な納期での納入依頼」、「支払い遅延」等が起きてしまいかねません。

　また、一定の規模の差がある企業における特定の取引の場合、「**下請代金支払遅延等防止法（＝下請法）**」によって、その取引の公正化・下請事業者の利益保護が求められています。下請法に違反した場合は、公

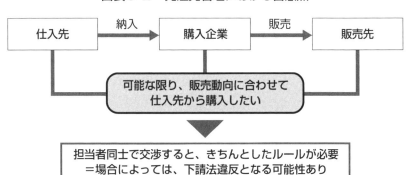

図表6-2　発注先管理における留意点

正取引委員会から違反行為を取りやめるよう勧告され、勧告内容は公表されることとなっています。公表されると企業の価値を大きく毀損することになりますので、下請法に該当する取引については、とくに留意する必要があるといえるでしょう。

## ☑ 下請法の適用範囲は

下請法は、企業規模と取引内容がともに合致した場合、適用対象とな

図表6-3　下請法の適用範囲

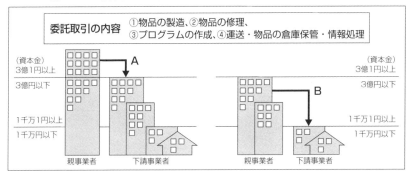

出所：公正取引委員会「ポイント解説下請法（親事業者向け）」より
　　　http://www.jftc.go.jp/houdou/panfu.html#cmsshitauke

ります。具体的には、前ページ**図表6-3**のような条件となっています。

　各種委託業務が対象となっているほか、資本金の条件も広範囲に渡っています。前述のとおり、公正取引委員会からの勧告を受けてしまうと企業価値を大きく毀損してしまいますので、取引相手の状況を正しく把握するなど、さまざまな面で留意が必要となります。

## ☑ 親事業者の義務

　上記の適用範囲内の場合、親事業者は以下の4つの義務が課されるとともに、11個の行為が禁止されることとなります。上記範囲内との取引すべてに対し、広範囲の義務・禁止行為が付与されることになりますので、会社全体で下請法の遵守徹底が必要となります。買い叩きや下請代金の減額を行なってはいけないこととともに、書面の作成・保存そして、支払期日を明示する必要がある点に留意が必要です。

### 図表6-4　親事業者の義務および禁止行為

| | | |
|---|---|---|
| **（1）義務** | 書面の交付義務 | 第3条 |
| | 書類作成・保存義務 | 第5条 |
| | 下請代金の支払期日を定める義務 | 第2条の2 |
| | 遅延利息の支払義務 | 第4条の2 |
| **（2）禁止行為** | 受領拒否の禁止 | 第4条第1項第2号 |
| | 下請代金の支払遅延の禁止 | 第4条第1項第2号 |
| | 下請代金の減額の禁止 | 第4条第1項第3号 |
| | 返品の禁止 | 第4条第1項第4号 |
| | 買いたたきの禁止 | 第4条第1項第5号 |
| | 物の購入強制・役務の利用強制の禁止 | 第4条第1項第6号 |
| | 報復措置の禁止 | 第4条第1項第7号 |
| | 有償支給原材料等の対価の早期決済の禁止 | 第4条第2項第1号 |
| | 割引困難な手形の交付の禁止 | 第4条第2項第2号 |
| | 不当な経済上の利益の提供要請の禁止 | 第4条第2項第3号 |
| | 不当なやり直し等の禁止 | 第4条第2項第4号 |

出所：公正取引委員会『知るほどなるほど下請法』より作成
　　　http://www.jftc.go.jp/houdou/panfu.html#cmsshitauke

# 6-3

金融機関との関係①

## 金融機関の役割とは

　日本企業では長らく「メインバンク」制度が採られてきました。メインバンクとは、一般的に企業が最も親密な関係となっている金融機関のことであり、多くの場合、取引のある複数の金融機関の中で最も借入金の額が大きかったり、取引額が大きかったりします。このメインバンク制度は、日本独自の制度といわれており、日本企業へのガバナンスに大きく寄与してきたと考えられます。

　とくに、多くの代表者・経営者が株式の多くを保有する中堅・中小企業では、経営者＝株主となるため、「株主によるガバナンス」は効きづらいといえます。このように株主によるガバナンスが効きづらい非上場企業にとっては、とりわけ金融機関によるガバナンスが重要といえます。

## ☑ メインバンクの３つの役割

　日本において企業と親密な関係を構築しているメインバンクは、企業

### 図表6-5　金融機関（とくにメインバンク）における企業への提供機能

**ファイナンス機能**
- 企業にとって資金が必要なときに資金の貸出しを行なう機能
- メインバンクでは他行に比べリスクをとった貸出しを行なうことが多い

**情報提供機能**
- 企業にとって必要となる各種情報を提供する機能
- 販売先や提携先の紹介、斡旋、業務システム等の提案等を実施

**モニタリング機能**
- 企業の状態を財務諸表、企業訪問等によって確認し、「格付」を実施、格付に応じて必要な支援を決定する機能
- メインバンクは企業と親密な関係にあるぶん、当該企業に関する情報が多い

第6章　債権者とコーポレートガバナンス

に対しておもに3つの機能を提供してきたと考えられます。その3つとは、**図表6-5**のとおり、「**ファイナンス機能**」「**情報提供機能**」「**モニタリング機能**」です。この3つの機能はさまざまな面で企業の経営に対して大きな影響を与えてきました。以下、1つずつその機能と企業への影響について述べていきます。

## ☑「ファイナンス機能」と「情報提供機能」

　まずファイナンス機能と情報提供機能について説明します。

　最初に「ファイナンス機能」です。金融機関は、当該企業の状況に応じてお金の貸出しを行なってきました。メインバンクはその中でも積極的に貸出しを行ない、他行に比べリスクを取りながら企業の支援をしてきました。たとえば、成長に必要となる設備投資の際は、他行に先んじて融資を行なうだけではなく、企業が資金繰りに窮した際もメインバンクが積極的に貸出し等の支援を行ない、企業の継続を支援してきました。

　続いて、「情報提供機能」です。メインバンクは、当該企業の成長に資するさまざまな情報提供を行なってきました。たとえば、新規の販売先の紹介や業務提携先の紹介を行なったり、効率化に資する業務システムの提案等に取り組んできました。また、オフィス移転の際の移転先候補の紹介や、従業員の育成となるような研修の紹介を行なうこともあり、非常に幅広い情報提供を行ない、企業の成長を支援してきました。この

図表6-6　情報提供機能

ような情報提供は無料でなされるケースもあり、各企業から喜ばれている機能の1つでした。また、企業の成長や経営に陰りが見えた際は、金融機関が主体的に当該企業を調査し、経営支援に乗り出すこともありました。このようにメインバンクは企業の成長ステージにおいても、踊り場のステージにおいても、積極的に情報提供を行ない、経営へ有用な役割を果たしてきました。

## ☑「モニタリング機能」は金融機関によるガバナンス

3つめは、「モニタリング機能」です。このモニタリング機能とはメインバンクが当該企業の経営状態を常に把握し続ける機能のことを指し、「金融機関によるガバナンス」ということになります。「メインバンク」である金融機関は、貸し金の増額や各種取引のタイミング以外であっても、定期的に各企業に対し財務諸表や経営計画の提出を求めてきました。また、事業概要・計画進捗等に関するヒアリング（面談）も積極的に行ない、年1回の決算よりも頻繁に経営状況を確認してきました。

これにより、メインバンクは当該企業の状況をいち早く認識するだけではなく必要に応じてアドバイスを行ない、企業にとっても第三者から見た自社の状況を把握する機会となってきました。このようなメインバンクとの強固な関係により、企業も早期に次の手を打つことができるようになり、さらなる成長が可能となったと考えられます。

図表6-7　モニタリング機能

## ☑ モニタリング機能低下の弊害

　1970年代以降、「金融自由化」が進むことで、金融機関の経営環境は厳しくなってきました。また、企業からすると金融機関を用いた「間接金融」以外にも、「直接金融」の手段が増加しました（175ページに示す社債の発行も直接金融の1つといえるでしょう）。

　とくに最近では、持ち合い株の減少、マイナス金利による資金余剰の状態が続くことで、メインバンクであっても「モニタリング」の機能を果たすことができず、これまで以上に企業の経営状況が把握できていないというケースも増加してきています。

　モニタリング機能が弱くなると、企業から見ると「管理されなくなった」という点でよい傾向であると認識することも可能ですが、実際には、デメリットも大きいといえます。

　たとえば、モニタリング機能の低下は、情報提供機能の低下を引き起こします。モニタリング機能が低下することで企業にとって不足している情報・ニーズがきちんと把握できなくなり、必要な情報を必要なタイミングで提供できなくなります。また、ファイナンス機能の低下も引き起こすと考えられます。これは、企業の現状および成長性を正確に把握できなくなることで、貸出しの根拠を見つけられなくなるためです。

　このように、メインバンクの機能が低下することで、情報提供に関する課題、資金が必要なときに貸出しが行なわれにくくなる（もしくは、審査に時間を要してしまう）という課題が生まれていると考えられます。

**図表6-8　メインバンクのモニタリング機能低下が引き起こす他機能の低下**

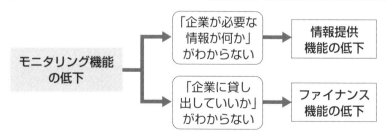

# 6-4

金融機関との関係②
## 関係構築時における留意点

　企業の成長にあたっては、多くのケースで投資・情報が必要となります。質の高い情報の提供を受けながら成長するとともに、積極的に投資をすることで、資金ニーズが拡大することが多々あります。また、その資金の貸し手を金融機関が担うケースは今後も多いと考えられます。このようなシーンを見越した金融機関との関係構築のポイントを示します。

## ☑ 企業としての方向性を決定しておく必要性

　「経営理念」や「ビジョン」といったものは、多くの会社で策定されていることが多いと考えられますが、それらに沿った中長期的な戦略まで明確になっていない企業は非常に多く見受けられます。もちろん経営者・経営層の頭の中では明確になっており、年初、年末の挨拶や月次の会議、毎週の朝礼等では口頭で伝えられるケースも多いでしょう。

　しかしながら、口頭の場合は、その認識のされかたや文脈の中での認識は人によって異なってしまうことが少なくありません。よって、中期的な展望を「言葉」に落とし明確化することで会社の方向性を明らかにすることが必要です。方向性が明らかになることで、金融機関にとっても情報提供等をやりやすくなり、企業の発展に関与できることとなります。さらに、日ごろからその方向性を共有することで、ファイナンスが必要となる際も「思いつきの施策」ではないと判断してもらいやすくなり、融資を受けやすくなると考えられます。

## ☑ 「地域社会」を意識した活動の重視

　金融機関はエリア別に活動している場合が多く、担当地域社会への貢

献を意識しているケースが大半です。第7章では、地域社会とガバナンスについて述べていますが、このような活動を金融機関と共有することは、関係構築によい影響を与えるものと考えられます。とくに、地域に根ざしたCSR等は積極的にアピールし、金融機関を通じて広報することで地域社会との良好な関係を構築しやすくなると考えられます。

## ☑ 定量的で細かい説明ができる体制の構築

金融機関は、上記の項目のほか、各種「数字」や「リスク」等に対して、細かい説明を好みます。たとえば、財務諸表1つをとっても、結果の数字だけでなく、その数字となった根拠（増減があった項目の理由等）や、数字の細目（セグメント情報等）まで要求することがあります。

図表6-9　金融機関に向けて説明すべき点

| | 資料 | 留意点 |
|---|---|---|
| 現状認識・結果の説明 | 財務諸表 | ・公開した財務諸表の中でもとくに増減があった項目の理由 |
| | 事業報告書 | ・各種要因の妥当性 |
| 計画 | 単年度予算 | ・予算の妥当性<br>・必要なレベル感での細かさ |
| | 単年度計画 | ・計画の妥当性、中期計画との合致 |
| | 中期計画 | ・ビジョン等との整合性<br>・既存の業界や新規で参入する業界への認識・知見<br>・事業リスクに関する認識<br>　→金融機関にとってはとくに重要<br>・定量的な目標の妥当性 |

これらをきちんと説明し、日ごろから関係を構築しておくことで、上記のファイナンス機能、情報提供機能が高いレベルで提供されることとなります。さらに、最近では、担保を取らず事業の将来性に対して貸出しを行なうケースが増加しています。無担保でもファイナンスは金融機関にとってはリスクになりますが、企業から見ると事業の継続可能性を高める要素となります。この意味でも貸出しの対象となる事業の計画については、丁寧に説明していく必要があります。

# 6-5

## 金融機関との関係③
# シンジケートローン

　企業が金融機関から多額の融資を受ける場合、金融機関一行で全額の引き受けることは金融機関の側からはリスクと考えられがちです。そのような場合、1社が取りまとめを行なう形で複数行が協調し、1社に対して融資を行なうケースが一般的であり、そのような形の融資を「**シンジケートローン**」といいます。取りまとめを行なう企業をアレンジャーといいます。このような融資を行なう場合は、より具体的なガバナンスが働くことになります。

### ☑ シンジケートローンにおける金融機関のガバナンス

　シンジケートローン組成時は、その融資に対し多くの金融機関が関与することになります。よって、もし、特定の金融機関が企業の状態に疑義がありその融資を取りやめたいと考えたとしても、明確なルールや基準がないと他行との調整に時間がかかってしまいます。このような状態を避けるため、シンジケートローン組成時には、書面上で明確に3つのガバナンスを行なうことになります。

　1つめが「**表明保証**」です。これは、融資を受ける企業が提出した財務状況や経営状況に関する書類が正しいということを企業に保証させることを指します。これにより、企業からすれば提出した各種資料の正確さに対して金融機関からのガバナンスが働くこととなります。

　2つめは、「**貸付前提条件**」です。こちらは貸出し前の前提となる条件です。こちらはガバナンスというよりは、そのときの条件ということになるでしょう。

　3つめが「**コベナンツ**（特別条項）」です。こちらは、融資実行期間中、金融機関がガバナンスをきかせる項目が具体的に記載されている項目です。こちらについては次項で説明します。

図表6-10　シンジケートローン組成時の条件

| 項　目 | 概　要 |
|---|---|
| 表明保証 | ・融資を受ける企業が提出した財務状況や経営状況に関する書類について間違いないことを保証させること<br>・金融機関からすると、この条件をつけることで、融資実行前に提出した各種資料に間違いがあると、融資契約の解除等が可能となる |
| 貸付前提条件 | ・融資の実行に対して前提となる条件 |
| コベナンツ | ・特約条項のことをいう<br>・この部分がとくに金融機関がチェックする項目であり、「ガバナンス対象となる項目」となる |

## ☑ コベナンツによるガバナンス

　コベナンツでは、一般的に「情報開示義務」、「財務制限条項」、「資産処分等一定の行為に対する制限」が設定されます。このような項目は、継続的に明示的な形でガバナンスが働く項目となります。とくに、情報開示義務は、金融機関にとって必要な頻度で情報公開を求めてきますので、一部の企業では外部からの厳しいガバナンスとなる可能性があります。

図表6-11　コベナンツの項目

| 項　目 | 概　要 |
|---|---|
| 情報開示義務 | ・情報提供を定期的に求める項目<br>・この項目で設定された頻度で必要書類を開示する体制構築が必要となる |
| 財務制限条項 | ・一般的には経営状態が悪化した場合に該当する可能性がある項目<br>・ガバナンスという点では、上記の情報整理ができていれば、把握可能 |
| 資産処分等一定の行為に対する制限 | ・シンジケートローン組成時に関する資産の処分等を規制する項目<br>・ここに挙げられた資産は、重要なガバナンス対象資産となる |

# 6-6

# 社債権者との関係

社債は、近年、注目されている資金調達の方式です。社債は、銀行借入れのように返済義務があり議決権を与えずに資金調達が可能であり、銀行借入れに比べ満期一括償還が多いという特徴があります。これまでは、大企業での活用が一般的でしたが、中堅中小企業でも活用しやすい形式もあることから、中堅中小企業の活用も拡大しています。

## ☑ 社債の種類

社債の種類としては、大きく3種類あります（次ページ**図表6-12**参照）。1つめは、新聞等でよく報道される上場企業が発行する「**公募債**」です。

公募債は、発行金額が大きいケースが多く、不特定多数の一般投資家が社債権者になります。2つめは、「**少人数私募債**」です。社債権者が50人未満の場合等に活用可能な形式です。発行金額としては数千万円規模が一般的です。3つめが「**銀行引受私募債**」です。社債権者としては銀行等の金融機関になります。

## ☑ 社債権者が求めるガバナンス

社債権者が求めるガバナンスは発行する形式によって異なります。まず、公募債の社債権者は、株主とほぼ同一のガバナンスを求めます。実際、財務局へ有価証券届出書もしくは有価証券通知書の提出が必要となります。一方、少人数私募債の場合、縁故者が対象となることもあり、あまり強いガバナンスは求められません。

### 図表6-12　社債の種類と特徴

| 公募・私募 | 銀行引受私募債 | 少人数私募債 | 公募債 |
|---|---|---|---|
| | 私募 | 私募 | 公募 |
| 社債権者 | • 銀行など金融機関 | • 50名未満の縁故者 | • 不特定多数の一般投資家 |
| 財務局への届出・提出 | • 必要なし | • 必要なし | • 有価証券届出書（1億円以上）または有価証券通知書（1,000万円から1億円まで） |
| 発行金額（目安） | • 数千万円から数億円（信用保証協会の保証では2億2千万円までは無担保） | • 数千万円（1億円以下が多い） | • 数十億円から数百億円 |
| 必要な手数料など | • 財務代理人手数料<br>• 登録手数料<br>• 引受手数料<br>• 元利金支払手数料など | • 特になし | • 事務代行手数料<br>• 登録手数料<br>• 引受手数料<br>• 元利金支払手数料<br>• 格付け取得費用<br>• 公認会計士費用　など |
| 償還期間（目安） | • 5年前後が多い（信用保証協会の保証は2～7年） | • 5年前後が多い | • 3年から20年程度 |
| 資金ニーズ | • 健全な財務体質を活用して長期安定資金を調達したい | • 銀行借入に代わる資金調達が必要 | • 多数の一般投資家から資金を調達したい |
| おもな発行企業 | • 未公開企業 | • 未公開企業 | • 株式公開企業 |

出所：経済産業省資料『社債の活用　スライド』より作成
　　　http://www.meti.go.jp/report/downloadfiles/ji04_07_23.pdf

　銀行引受私募債の場合、銀行および信用保証協会による審査があることが一般的ですが、その後継続的に求められるガバナンスは、シンジケートローン等に比べ、簡易なケースが多いと考えられます。これは、社債発行の条件が金融機関からの貸出しよりも厳しいからだと考えられます。

# 第7章

---

# ガバナンスとしてのCSR

これからのコーポレートガバナンスを考える
際に見落としてはならないのが、CSR（企業
の社会的責任）という観点です。企業が持続
的に活動していくうえで、さまざまな社会の
構成要素・主体（地域社会や多様なステーク
ホルダー）に対して責任を果たすことが求め
られています。どう実践していくか、複数の
ガイドラインや企業事例から考えていきます。

# 7-1

## CSRとは何か

### ☑ 一企業市民としての責任

本章で取り上げる**CSR**は、「Corporate Social Responsibility」の略語で、「**企業の社会的責任**」と訳されます。

企業は多くの場合、株式会社の形態を取っており、営利を追求する存在です。それと同時に、企業は社会とのつながりのなかで活動しており、社会との良好な関係なくして継続的に成果を上げることは難しいといえます。その意味で、企業も私たち個人と同じく一市民（企業市民）であり、よき企業市民としてしかるべき責任を果たしていくべき、といえるでしょう。

反対に、もし企業が企業市民として不適切な行動（たとえば人権侵害、環境汚染など）をするならば、社会からの信頼を失って持続的な活動を行なうことは難しくなります。一企業が社会から追放されて解決する話であれば問題はそこまで複雑ではないかもしれませんが、皆が社会的責任を無視して活動すると、最終的には社会全体が成り立たなくなる危険性すらあります（たとえば、極端な話ですが、環境破壊が進んで地球に住むことができなくなる、といったことが考えられます）。

つまり、CSRとは、企業が持続的な経済活動を行なうために関連するさまざまな社会の構成要素・主体（地域社会、環境、取引先・サプライヤー、消費者、従業員、債権者、株主など）に対する責任を果たしていくこと、といえます。また、中長期的な観点では、こうした責任を果たしていくことでよりよい社会を実現し、経済社会の発展・繁栄にも貢献すること、ともいえるでしょう（そうなれば間接的ではありますが経済的なメリットも享受できます）。

社会の構成要素・主体のうち、消費者、従業員、債権者、株主につい

てはこれまでの章の中で各々見てきました。本章で改めてCSRについて記載していますが、よき企業市民として消費者、従業員、債権者、株主と適切な関係を構築していく、という点では、ここまでの章も広い意味でCSRに含まれると考えられます。

そこで本章では、これまでの章で中心的には取り上げていない地域社会、環境、取引先・サプライヤーとの関係を中心に見ていくことにしましょう。具体的には、CSR活動として地域社会に対する貢献活動を行なうこと、倫理的な観点から環境問題に取り組むこと、取引先・サプライヤーと公正な取引を行なうこと、などについて考えます。

図表7-1　CSRの対象となる社会・ステークホルダー

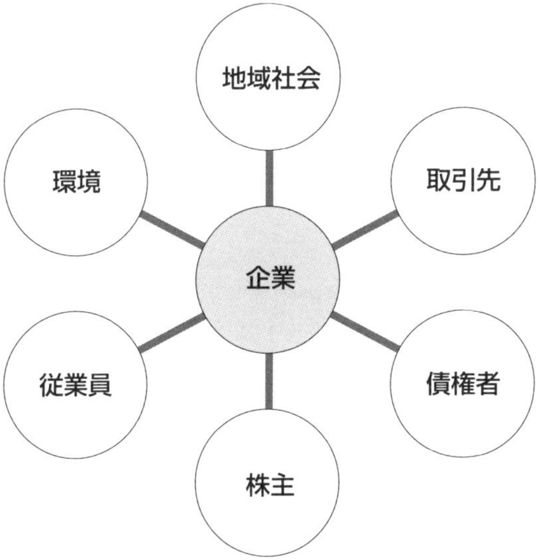

## ☑ CSRの歴史

CSRという考え方はいつごろ登場したのでしょうか。概念自体は古くから存在したと考えられますが、本格的に企業の社会的責任が問われるようになったのは1960年代後半以降といわれています。アメリカでは

環境破壊、ベトナム戦争に使用される武器の製造、欠陥製品などが相次いで問題となり、市民団体が企業の責任を厳しく追求するようになります。こうしたことが契機となり、経済界、学会でCSRに関する本格的に議論が始まりました。

日本においても1960年代に水俣病などの公害裁判が本格化するなど、環境問題を中心に企業への批判が高まり、アメリカからCSRという考え方が導入されました。

その後も経済のグローバル化に伴う途上国における児童労働など、CSRは問題が起こるたびにクローズアップされ、徐々に体系化され、企業に定着していきました。

詳しくは後述しますが、この過程のなかで企業および各種団体にとってのガイドライン（行動指針や情報公開の基準）なども定められています。多くの企業はそれらの情報も参考にしながら、よりよい社会をつくっていくための責任ある行動とは何かということを模索し続けているのです。

## ☑ SRI・ESG投資

CSRに関連して、**SRI**または**ESG投資**という分野があります。

SRIはSocially Responsible Investmentの略で社会的責任投資と訳されます。投資先の企業を選ぶ際に、財務パフォーマンスだけではなく、社会的責任を果たしているか、という点も考慮しようという考え方です。

もともとはアメリカで特定の宗教団体や社会団体による、武器製造や児童労働問題に関与している企業を投資の対象から外そうという動きから始まったといわれています。この考え方を、悪いものを排除するという観点で「**ネガティブ・スクリーン**」といいます。

時代が進むにつれて、より積極的な意味でCSRを果たしている企業、社会的課題に取り組んでいる企業に優先的に投資しよう、という考え方が出てきました。こちらは、ネガティブ・スクリーンに対して「**ポジティブ・スクリーン**」といいます。

また、CSR課題としての環境（Environment）、社会（Social）、コーポレートガバナンス（Governance）に関する各課題に取り組んでいる企業に投資する、という意味でそれぞれの頭文字を取って「ESG投資」と呼ばれることもあります。

　GSIA（GLOBAL SUSTAINABLE INVESTMENT ALLIANCE）が発行している2014 Global Sustainable Investment Reviewによると、SRIが最も進んでいるのが欧州で、2014年の運用資産残高ベースで13兆6,080億ドルと世界市場全体の63.7％を占めています。アメリカ（6兆5,720億ドル）、カナダ（9,450億ドル）、オーストラリア/ニュージーランド（1,800億ドル）と続いており、日本を含むアジア地域は530億ドルにとどまっています。

　同レポートによると、日本の2014年の運用資産残高は80億ドルで、新たなファンド組成の動きが少なかったこともあって、12年の前回調査より減少しています。現状では欧米に比べて経済規模の割に日本のSRIの規模は小さいため、機関投資家・金融機関ともにSRIへの関心をより高めていく必要があるといえるかもしれません。

　SRIは財務パフォーマンス以外を考慮に入れるため、投資から得られるリターンが下がるととらえられることもありますが、これまでの研究や過去実績によると財務的なリターンは犠牲になっていないといわれています。CSR課題に積極的に取り組んでいる企業はその他の経営課題にもきちんと取り組むことができる企業であり、経済面の成果も同時に追求できるということかもしれません。こちらについては次章で詳しく述べます。

# 7-2

## CSRガイドラインを
## どう活用すべきか

### ☑ ガイドラインの役割と種類

　個々の企業がどのようにCSRに取り組むべきか、その取り組みの方法や検討事項などが記載されているのがCSRガイドラインです。ガイドラインごとに異なりますが、ガイドラインにはCSRに取り組む際の考え方の原則、取り組むべき課題、報告書の作成・公開方法などが記載されています。

　CSRに関連するガイドラインはさまざまな団体が多様な観点で公表しています。国際的な機関が公表しているものとしては、10の行動原則を掲げる国連グローバル・コンパクト、社会的責任に関する国際規格であるISO26000、GRI（Global Reporting Initiative）が発行するレポーティングに関するガイドラインであるGRIガイドラインなどがあります。また、国内では日本経団連の公表している企業行動憲章とその実行の手引きなどが該当します。

　これらのガイドラインを適宜参照しつつ、企業は社会的責任を果たしていくことになりますが、すべてのガイドラインを遵守する必要はありません。個々の企業の現状も考慮し、自社の規模や活動の目的に合ったガイドラインを参照する、という方法が有効です。たとえばISO/SR国内委員会のホームページではISO26000に関する中小企業向けの解説書や事例集を公開していますので、自社が中小企業なのであれば、まずはそうしたものを参照するというのも一案です。

### ☑ 国連グローバル・コンパクト

　国連グローバル・コンパクトは、1999年の世界経済フォーラム（ダボ

182

ス会議）でアナン事務総長が提唱した企業・団体の行動規範です（2000年7月に発足）。人権・労働・環境・腐敗防止の4分野、10原則に賛同する企業・団体が署名し、活動しています。

　発足当初、参加企業数は決して多くありませんでしたが、CSRへの関心の高まりや、各企業・団体の活動の積み重ねによって2015年7月時点で世界160か国、1万3,000超の団体（うち企業は約8,300）まで拡大しています。

### 図表7-2　国連グローバル・コンパクトの10原則

| 人　権 | 原則1：人権擁護の支持と尊重<br>原則2：人権侵害への非加担 |
| --- | --- |
| 労　働 | 原則3：結社の自由と団体交渉権の承認<br>原則4：強制労働の排除<br>原則5：児童労働の実効的な廃止<br>原則6：雇用と職業の差別撤廃 |
| 環　境 | 原則7：環境問題の予防的アプローチ<br>原則8：環境に対する責任のイニシアティブ<br>原則9：環境にやさしい技術の開発と普及 |
| 腐敗防止 | 原則10：強要や贈収賄を含むあらゆる形態の<br>腐敗防止の取組み |

出所：グローバル・コンパクト・ネットワーク・ジャパンHPより

　たとえばグローバル・コンパクトに参加している企業の1社であるNECは、人権尊重への取り組みの一環として、オーストラリアの先住民族の生活向上支援を行なっています。同社のグループ会社が先住民族に対してICT（情報・通信に関する技術）についての教育機会を提供することで、先住民族がICT産業に就職しやすくなるようにしています。

## ☑ ガイドラインとしてのISO26000

ISO26000は、2010年11月に発行された組織（企業以外も含む）の社会的責任に関する国際規格です。ただし、ISO26000はいわゆる認証規格ではなく、ガイダンスの形をとっています。

そのため、第三者による何らかの認証が行なわれることはなく、各企業・団体はISO26000を手引書として参照し、活動に反映させていくということになります。

ISO26000では7つの原則（説明責任、透明性、倫理的な行動、ステークホルダーの利害の尊重、法の支配の尊重、国際行動規範の尊重、人権の尊重）とステークホルダーとの関係で、7つの中核課題（組織統治、人権、労働慣行、環境、公正な事業慣行、消費者課題、コミュニティへの参画およびコミュニティの発展）が定められており、企業が社会的責任を果たすうえでどのようなことを検討するべきか記載されています。

ISO26000が発行されて以後、これらを参照してCSRに取り組んでいる企業や、ISO26000に沿う形で取り組みを紹介している企業も増加しています。

JALグループでは、ISO26000の7つの中核課題に対する対応状況を公表しています。「人権」の項目を例にとると、全体的な取り組みを開示するとともに、子供の権利サポートとして「ユニセフ支援、チャンス・フォー・チルドレン支援、プライオリティ・ゲストサポート」などの取り組みが紹介されています。みなさんも経験があるかもしれませんが、機内での海外通貨（海外旅行で使い残したもの）の募金活動などはこの取り組みにあたります。

## ☑ GRIガイドライン

GRIガイドライン（正式にはGRIサステナビリティ・レポーティング・ガイドライン）は、CSR報告書（またはサステナビリティ報告書）作成のための手引きです。

## 図表7-3　GRIガイドラインにおける特定標準開示項目

| カテゴリー　経済 | 環境 |
|---|---|
| 側面　・経済的パフォーマンス<br>　　　・地域での存在感<br>　　　・間接的な経済影響<br>　　　・調達慣行 | ・原材料<br>・エネルギー<br>・水<br>・生物多様性<br>・大気への排出<br>・排水および廃棄物<br>・製品およびサービス<br>・コンプライアンス<br>・輸送・移動<br>・環境全般<br>・サプライヤーの環境評価<br>・環境に関する苦情処理制度 |

| カテゴリー　社会 | | | |
|---|---|---|---|
| サブカテゴリー　労働慣行とディーセント・ワーク | 人権 | 社会 | 製品責任 |
| 側面　・雇用<br>　　　・労使関係<br>　　　・労働安全衛生<br>　　　・研修および教育<br>　　　・多様性と機会均等<br>　　　・男女同一報酬<br>　　　・サプライヤーの労<br>　　　　働慣行評価<br>　　　・労働慣行に関する<br>　　　　苦情処理制度 | ・投資<br>・非差別<br>・結社の自由と団体交渉<br>・児童労働<br>・強制労働<br>・保安慣行<br>・先住民の権利<br>・人権評価<br>・サプライヤーの人権評価<br>・人権に関する苦情処理制度 | ・地域コミュニティ<br>・腐敗防止<br>・公共政策<br>・反競争的行為<br>・コンプライアンス<br>・サプライヤーの社<br>　会への影響評価<br>・社会への影響に関<br>　する苦情処理制度 | ・顧客の安全衛生<br>・製品およびサービ<br>　スのラベリング<br>・マーケティング・<br>　コミュニケーショ<br>　ン<br>・顧客プライバシー<br>・コンプライアンス |

出所：GRIサステナビリティ・レポーティング・ガイドラインより作成

## 図表7-4　積水ハウスグループにおける項目の影響度評価と重要課題の特定

出所：積水ハウスHPより作成

標準開示項目として一般標準開示項目（戦略および分析、組織のプロフィール、特定されたマテリアルな側面とバウンダリー、ステークホルダー・エンゲージメント、報告書のプロフィール、ガバナンス、倫理と誠実性）と、特定標準開示項目（前ページ**図表7-3**）が定義されていて、それぞれの項目でどのようなことを開示すべきかが詳細に記載されています。特定標準開示項目は、企業ごとに影響の大きい項目を特定し、特定した重要な項目について目標を定め、状況を開示していく、というステップになります。

この特定の過程を積水ハウスグループ（Sustainability Report 2016）の例で見ると、同社グループは「ステークホルダーにとっての重要度」と「積水ハウスと社会への影響度」をもとに、各項目の優先順位付けを行ない、CSR委員会での審議を経て重要課題を特定（46項目から19項目を特定）しています（前ページ**図表7-4**）。

## ☑ 企業行動憲章

日本経団連の企業行動憲章は、企業が自主的に実施すべきとする事項を定めた方針のことです。国際的にCSRの考え方が広まっていることを受けて、2010年に改定され、それまでより企業の社会的責任にフォーカスした内容となっています。

次ページに記したとおり、企業行動憲章は10の原則からなり、合わせて企業行動憲章実行の手引きがあります。実行の手引きには、10原則それぞれについて各企業がどのような課題に取り組むべきかが、具体的なアクション・プランの例とともに記載されています。

## 日本経団連　企業行動憲章10原則

1. 社会的に有用で安全な商品・サービスを開発、提供し、消費者・顧客の満足と信頼を獲得する。

2. 公正、透明、自由な競争ならびに適正な取引を行う。また、政治、行政との健全かつ正常な関係を保つ。

3. 株主はもとより、広く社会とのコミュニケーションを行い、企業情報を積極的かつ公正に開示する。また、個人情報・顧客情報をはじめとする各種情報の保護・管理を徹底する。

4. 従業員の多様性、人格、個性を尊重するとともに、安全で働きやすい環境を確保し、ゆとりと豊かさを実現する。

5. 環境問題への取り組みは人類共通の課題であり、企業の存在と活動に必須の要件として、主体的に行動する。

6. 「良き企業市民」として、積極的に社会貢献活動を行う。

7. 市民社会の秩序や安全に脅威を与える反社会的勢力および団体とは断固として対決し、関係遮断を徹底する。

8. 事業活動のグローバル化に対応し、各国・地域の法律の遵守、人権を含む各種の国際規範の尊重はもとより、文化や慣習、ステークホルダーの関心に配慮した経営を行い、当該国・地域の経済社会の発展に貢献する。

9. 経営トップは、本憲章の精神の実現が自らの役割であることを認識し、率先垂範の上、社内ならびにグループ企業にその徹底を図るとともに、取引先にも促す。また、社内外の声を常時把握し、実効ある社内体制を確立する。

10. 本憲章に反するような事態が発生したときには、経営トップ自らが問題解決にあたる姿勢を内外に明らかにし、原因究明、再発防止に努める。また、社会への迅速かつ的確な情報の公開と説明責任を遂行し、権限と責任を明確にした上、自らを含めて厳正な処分を行なう。

# 7-3 地域社会とCSR

## ☑ 地域コミュニティとの関係を強化する

　企業の多くは複数の拠点(支店、支社、子会社などを含む)をもっています。また、規模の大きな企業では海外拠点をもっていることも多いでしょう。拠点同士が地理的に離れていることを前提に考えると、拠点の数だけ地域コミュニティとの関係が発生するといえます。

　各拠点で事業を円滑に遂行するうえでは、それぞれの地域コミュニティと良好な関係を構築することが重要です。とくに海外拠点の場合には、その地域の文化の違いや歴史的背景を理解することも大切です。

　地域行事への参加や協賛、地域発展に資する寄付行為などがこれに該当します。たとえば太平洋セメントという企業はフィリピンの工場周辺の地区を対象に地域住民の無料医療診断を実施、治療薬などを無料配布していますが、これはそうした取り組みの例です。自社の施設を活用した地域とのコミュニケーション強化という方法もあります。たとえばコ

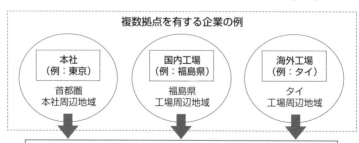

図表7-5　地域コミュニティとの関係構築の考え方

クヨグループでは、コクヨ工場滋賀で地域住民を含む一般顧客向けの工場見学を実施し、地域とのコミュニケーションを深めています。

## ☑ 教育・技術開発・文化振興

　教育・技術開発や文化の振興は、地域社会への貢献になるのはもちろん、間接的に企業の活動にプラスの側面をもたらすことも多くあります。教育支援を行なうことで、（社会全体で、ということですが）自社が将来雇用可能な技術者が増えたり、自社に関係のある分野に関する技術支援などのケースでは、自業界の製品に馴染みの深い人が増えることもあるでしょうし、海外での文化振興は現地の文化的背景を理解することにもつながります。

　クボタグループの例で見てみましょう。クボタグループはタイで若い世代の農業知識サポートや農業に関する技術提供を行なっています。こうした活動を通じて知識を有する就農者が増えれば、彼らの生活水準が向上するとともに、将来的にはクボタの製品を買ってくれる可能性のある農業就業人口が増える、ということにもなるのです。

　文化振興の例としてはダイキンの取り組みを紹介します。同社は国内に限らず、海外でも音楽の分野を中心にさまざまな活動を行なっています。管弦楽団の支援から、地域のイベントへの後援まで、多様な取り組みを行なうことは現地文化の理解にも役立っているといえるでしょう。

**図表7-6　ダイキングループの海外での文化振興活動**

| 拠　点 | 支援先・支援内容 |
|---|---|
| ダイキンインダストリーズチェコ社 | ピルゼン・フィルハーモニー管弦楽団 |
| | 若いプラハ人のための国際音楽フェスティバルに協賛 |
| ダイキンアプライドヨーロッパ社 | ローマ皇帝カリギュラの銅像復元に協力 |
| 大金（中国）投資有限公司 | 芸術・文化の振興を目的としたコンサートを2007年から毎年開催 |
| ダイキンアメリカ社 | 地元劇場への寄付 |
| ダイキンアプライドアメリカズ社 | 地域の音楽イベントや映画祭の後援 |

出所：ダイキン工業HPより作成

# 7-4 必須となった 地球環境問題への取り組み

## ☑ 地球環境問題への取り組みの必要性と環境マネジメント

　社会が持続可能な発展をしていくため、環境問題への取り組みは必要不可欠です。法令等による環境規制はありますが、それを遵守するだけでは十分とはいえないでしょう。本章の冒頭にも書きましたが、環境破壊が深刻化すると、最終的には経済活動どころではなくなってしまいますので、企業サイドも主体的かつ積極的に環境問題へ取り組むことが大切です。

　法令ではなく、主体的な環境への取り組みを行なうにあたって「環境マネジメント」という考え方があります。環境省の定義は以下のとおりです。

**環境マネジメントの定義（環境省）**

> 『組織や事業者が、その運営や経営の中で自主的に環境保全に関する取組を進めるにあたり、環境に関する方針や目標を自ら設定し、これらの達成に向けて取り組んでいくことを「環境管理」又は「環境マネジメント」といい、このための工場や事業所内の体制・手続き等の仕組みを「環境マネジメントシステム」（EMS - Environmental Management System）という』（環境省ＨＰより抜粋）

　環境マネジメントシステムの規格としては、ISO14001があります。また、環境省が策定したガイドラインである『エコアクション21』も取り組みを実行するにあたって参考になります。同ガイドラインでは、環境マネジメントに関する計画の策定、実行、チェック、評価と見直し、

## 図表7-7 事業活動・環境負荷の把握・環境への取り組みの関係

| 事業活動の例 | 環境負荷の把握<br>（負荷の自己チェック） | 環境への取り組み<br>（取組の自己チェック） |
|---|---|---|
| 空調、ボイラー等による化石燃料の使用 | □温室効果ガス（二酸化炭素）排出量<br>・購入電力、化石燃料、廃油・廃プラスチックの焼却　等 | □二酸化炭素の排出抑制 |
| 製造工程または店舗等からの廃棄物の発生 | □廃棄物排出量<br>・事業系一般廃棄物、産業廃棄物　等 | □廃棄物排出抑制、リサイクル |
| 工場等からの排水 | □総排水量<br>・下水道、公共用水域への排水 | □排水処理 |
| 製造工程等における水の消費 | □水使用料<br>・上水、工業用水、地下水等 | □節水、水の効率的利用 |
| 洗浄または塗装工程等における化学物質を含む製品の使用や原材料における化学物質を含む製品の使用 | □化学物質使用料<br>・PRTR制度対象物質 | □化学物質使用料の抑制および管理 |

出所：エコアクション21ガイドラインより作成

環境報告書の作成・公表までの一連の流れをどのように進めるかが記載されています。別表では「環境への負荷の自己チェックシート」、「環境への取組の自己チェックリスト」もあり、実用的な内容となっています。

## ☑ 環境保全／環境への負荷低減の取り組み

では、具体的な取組みとしてはどのようなものがあるのでしょうか。事例も交えつつ見ていきましょう。

1つは動植物の保護活動や植樹・植林など、環境の保全・回復に直接

## 図表7-8 古河電工グループの環境調和製品の分類と内容

| 分 類 | 内 容 |
|---|---|
| 地球温暖化防止 | 温暖化ガス排出の低減および吸収・固定に寄与する機能を有する製品。 |
| ゼロエミッション | リサイクル材料を使用した製品、部材のリサイクルが容易である設計製品、減容化しやすい素材や設計により廃棄物量が削減できる製品、部品および製品の共通化設計ができている製品。 |
| 環境影響物質フリー | 製造工程中でオゾン層破壊物質の使用量増加がなく、製品に含有する有害物質が規定値以下、使用・廃棄時に規定以上の有害物質を発生しない製品。 |
| 省資源 | 原材料・部品の使用量が低減している、希少資源の使用量を低減している、製品寿命が向上している、部品・製品の保守メンテナンスが容易である、梱包材料の資源使用量が低減しているなどの理由で、総合的に省資源となっている製品。 |

出所:古河電工グループサステナビリティレポート2016より作成

取り組むことです。こうした活動を自社が展開している国や地域で行なう場合には、地域社会への貢献活動という位置づけにもなります。たとえば、JR東日本は同社の展開エリアで「ふるさとの森づくり」という活動を行なっています。これは、その土地固有の樹木を植えることで森を再生しようというものです。

　もう1つは、企業の製品製造、サービス提供の際に、できる限り環境への負荷を低減する取り組みです。古河電工グループは独自に「eフレンドリー」認定制度という取り組みを行なっています。これは、従来製品よりも環境面で改善が図られている製品を「環境調和製品」と定義し、「eフレンドリー」マークを製品またはカタログに付すとともに、売上に占める環境調和製品の比率を高めていこうとする取り組みです。グループ連結ベースで環境調和製品が占める割合は2011年度には20.3%でしたが、15年度には30.6%にまで拡大しています。

# 7-5

## 取引先と健全な関係を保つには

### ☑ 取引先やサプライヤーとの健全な関係

　取引先やサプライヤーと公正かつ倫理的に取引を行なうこともまた、企業の重要な社会的責任の1つです。公正ではない、または倫理的に問題のある取引を行なうことで、短期的にはより多くの利益（不正な利益）を得られることはあるかもしれませんが、そうした企業はいずれ取引先から見放され、経済活動を継続できなくなるでしょう。

　取引先との健全な関係という観点では、第一に**法令を遵守する**ことが重要です。6章で説明した下請法はその1つですし、独占禁止法は下請企業との取引に限らず、幅広い分野で公正な取引を促しています。

　独占禁止法では、私的独占の禁止、不当な取引制限の禁止、事業者団体の規制、不公正な取引方法の禁止などが定められています。同法の運用基準関係についても公正取引委員会によって開示されており、実際にどういった取引が規制の対象になり得るかを確認することができます。たとえば、運用基準関係の1つである「流通・取引慣行に関する独占禁止法上の指針」の中では「製造業者が共同して、各事業者別にその販売地域を制限すること」は、独占禁止法に違反すると明記されています。事業者同士で相談して市場を分割することで、結果として自由な顧客獲得競争が制限されることは公正な状態とはいえないからです。

　取引先との信頼関係の構築のために、法令で求められる最低限の取り組みを超えて、行動指針を定めている企業も多くあります。たとえば、次ページに示した日立製作所の「日立製作所購買取引行動指針」では、すべての購買先に公平に対応すること、新規に取引を希望する企業等の申入れ対しては誠実に対応すること、明らかに購入する意思のない見積もり要請は行なわないことなどが定められています。

## 図表7-9　行動指針の例（日立製作所購買取引行動指針）

　本指針は、当社業務運営に必要な材料・製品・サービス・情報を外部より調達するにあたり、当社の役員及び従業員が遵守すべき行動の基準を示すものである。

1．購買取引においては「日立製作所企業行動基準」をすべての行動の基本とする。

2．購買取引先と良きパートナーシップを築き、以下の事項に留意し、長期的観点より相互理解と信頼関係の維持向上に努める。

　⑴すべての購買取引先に公平に対応し、特定の取引先を有利に、あるいは不利に扱ってはならない。

　⑵購買取引先との公正な取引関係を尊重し、正常な商慣習に照らして不当な行為により、取引先に不利益を課してはならない。

　⑶購買取引において知り得た購買取引先の営業秘密は厳格に管理し、機密の保持に努める。

3．広く世界に目を向け、最適な購買取引先を開拓し、競争の維持に努める。特に以下の事項に留意する。

　⑴新規に取引を希望する企業等の申入れに対しては誠実に対応し、進んで取引品目等に関する情報を開示する。

　⑵継続する購買取引においては、購買取引先の適格性を定期的に見直し、他の取引先より有利な取引の可能性について検討する。

4．購買取引先の選定は、資材の品質・信頼性・納期・価格、および取引先の経営の安定性・技術開発力等に加え、公正で透明性の高い情報開示、法令および社会的規範の遵守、人権の尊重、雇用と職業に関する不当な差別の撤廃、児童労働や強制労働の排除、環境保全活動、社会貢献活動、働き易い職場作り、ビジネスパートナーとの社会的責任意識の共有等の社会的責任を果たしているかを十分に評価した上で、以下に定める事項を遵守し、所定の手続きを適正に行なうものとする。

　⑴明らかに購入する意思のない見積り要請は行わない。

　⑵社内手続きにおいて、購入仕様、契約条件、および受領（検査）を決定する権限と責任は、それぞれ要求元部門・購買部門・検査部門に属する。

　⑶購買取引先との契約は、購買部門が当社を代表して行う。

5．購買取引に関して、購買取引先から個人的給付を受けてはならない。

（2009年改訂）

出所：日立 サステナビリティレポート 2016より

## ☑ サプライチェーン全体での責任ある活動

　ここまでの話は取引先に対して公正かつ誠実に対応する、というものでした。取引先との関係ではもう1つ、取引先と協働し、サプライチェーン全体で社会的責任を果たしていく、という視点があります。とくに製造業においては、通常1社のみで製品をつくりあげ、販売することはできません。部品メーカーや加工を担当する企業、販売先や物流を担当する企業と協業し、消費者にモノを届けることになります。そのため、CSRに関する取り組みも、そうしたサプライチェーン全体でやっていくことが重要になるといえます。

図表7-10　サプライチェーン全体でのCSRへの取り組みイメージ

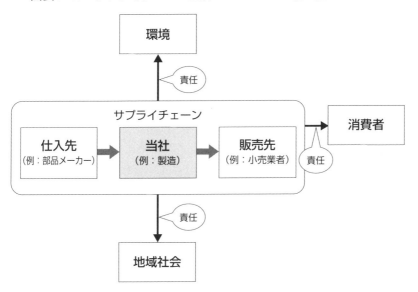

　具体的な取り組みの例として、「グリーン調達」があります。グリーン調達とは、環境問題に積極的に取り組んでいるサプライヤーの製品や、環境負荷の低い部材・サービスを優先的に調達することです。独自にグリーン調達ガイドラインを定めている企業もあります。

図表7-11　東レにおけるサプライチェーン・マネジメントのPDCAサイクル

出所：東レHPより

　一方、取引先のCSRの活動状況についてアンケートなどで確認し、サプライチェーン全体のCSRを確認・改善する、という取り組みもあります。たとえば東レでは調達先、販売委託先、物流会社を対象に定期的にCSR調達アンケートを実施したうえで、必要に応じて訪問調査を行ない、CSR活動の推進を促す、といったことに取り組んでいます（図表7-11）。

# 第8章

---

# CSVで
# ガバナンスは完結する

CSV（共通価値の創造）は、事業を通じてさまざまな社会的課題の解決に取り組み、地域社会や地球環境に貢献しながら、収益を上げて株主や投資家に利益をもたらすことで、自社の社会的価値を高めるという概念です。多くのステークホルダーの利益に寄与し、より強固なガバナンスを可能にするCSVの進め方を、先行企業の事例を中心に解説します。

# 8-1

## CSVとは何か

### ✓ 社会問題解決に対するポーター流の答え

　昨今注目を集めている概念として、「**CSV**（Creating Shared Value：**共通価値の創造**）」があります。自社の事業を通じてさまざまな社会的課題を解決していこうという考え方で、2011年、競争戦略の大家として有名なM.ポーターが提唱をしたものです（ポーター、クラマー　論文『共通価値の戦略』ハーバードビジネスレビュー）。

　つまり、通常の事業活動を通じて経済的価値を創造しながら、社会的課題の解決を図ろうという考え方であり、経済的価値と社会的価値との両立を目指すアプローチです。

　従来、企業は、地域や環境などの社会的価値を犠牲にしながら事業活動を行なってきたとされ、経済的価値と社会的価値とはトレードオフの関係にあるとされてきました。つまり、企業が事業活動を通じて収益拡大を図ることは、社会や環境に負荷をかけることであると考えられてきたのです。

　しかしポーターは、企業の事業活動と社会的価値を再び結びつけなければならないと訴えます。事業活動を通じて社会や環境を犠牲にするのではなく、逆に事業活動を通じて社会的価値を高めることの必要性を唱えたのです。

### ✓ CSRとの違いは何か

　ポーターによれば、従来のCSRは、事業活動とは別個な形でプラスαとして行なう社会的貢献であるのに対して、CSVは社会的価値を中心課題に据えて本業によって解決していくという活動になります。

たとえば、フェアトレードという考え方があります。フェアトレードとは、途上国でつくられた作物を不当に買い叩くのではなく、適正価格で継続的に取引することによって、途上国の生産者サイドの生活支援をしようという取り組みです。これはこれで適切な考え方だと思われますが、ポーターは、これは先進国の調達者サイドが同じ作物を高く購入することで、価値を生産者サイドに再分配しているに過ぎないと言います。つまり価値全体のパイが増えていないなかで、調達者サイドの収益を生産者サイドに単に付け替えているに過ぎないというわけです。

　一方、たとえば、生産者サイドに技術指導をすることによって作物の品質を向上させたり収穫量を増やしたりすることができれば、価値全体を増やすことができます。そのうえで調達サイドと生産者サイドとで分配をしていけば、Win-Winの取引になるはずです。

　つまりポーターによれば、CSVはCSRを超えた概念ということになるのです（**図表8-1**）。

　ちなみに、CSVは「Creating Shared Value：共通価値の創造」であるのに対して、CSRは「Corporate Social Responsibility：企業の社会的責任」ですので、一見似ているようでまったく別の言葉の略語である点に、ご留意ください。

### 図表8-1　ポーターによるCSRとCSVの比較

| CSR：Corporate Social Responsibility | CSV：Creating Shared Value |
|---|---|
| 価値は「善行」 | 価値はコストと比較した経済的便益と社会的便益 |
| シチズンシップ、フィランソロピー、持続可能性 | 企業と地域社会が共同で価値を創出 |
| 任意、あるいは外圧によって | 競争に不可欠 |
| 利益の最大化とは別物 | 利益の最大化に不可欠 |
| テーマは、外部の報告書や個人の嗜好によって決まる | テーマは企業ごとに異なり、内発的である |
| 企業の業績やCSR予算の制限を受ける | 企業の予算全体を再編成する |
| たとえば、フェアトレードで購入する | たとえば、調達方法を変えることによって品質と収穫量を向上させる |

出所：ポーター、クラマー『共通価値の戦略』

## ☑ コーポレートガバナンスとの関係は

コーポレートガバナンスの定義は、本書の冒頭で述べたとおり、「**多様なステークホルダーとの共存共栄によって、企業活動を望ましい方向に進ませる仕組み**」でありました。

したがって、CSVとコーポレートガバナンスは二重の意味で関係があります。

第一は、地域社会や環境等の社会問題を解決することによって、多様なステークホルダーに寄与するという点です。この点は、従来のCSRでも満たされる点ですが、CSVでも同様であるのはいうまでもありません。

そして次こそ重要なのですが、第二は、社会問題の解決を通じて収益拡大を実現するというCSVの趣旨から、株主・投資家というステークホルダーとその他のステークホルダーとの利益が合致するという点です。**地域住民や従業員等の利益に寄与しつつ、収益を上げて株主利益にも寄与する**ということです。この点こそCSV固有のポイントであり、CSVとコーポレートガバナンスが密接な関係にあるということのゆえんです（図表8-2）。

図表8-2　株主とそれ以外のステークホルダーとの関係

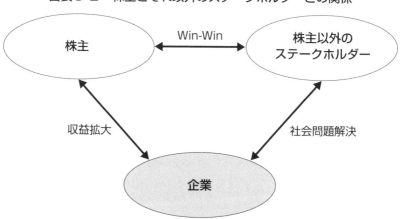

## ☑ CSVの３つの方法

ポーターは、CSVを進めるには３つの方法があると言います。

### 図表8-3　CSVを実現する３つの方法

1　製品と市場の見直し

2　バリューチェーン生産性の再定義

3　地域支援の産業クラスター形成

　第一は、新製品や新市場を開拓することによって社会問題を解決しようという方法です。少子高齢化、安全安心、環境・エネルギー問題、貧困解消等、解決されるべき社会問題は、多種多様にあります。それらの解決に資する新製品を開発したり、新たな市場を開拓したりということが、このカテゴリーです。たとえば、自動車メーカーによるハイブリッド車・電気自動車の開発などは、わかりやすい事例でしょう。

　第二は、既存の業務体系を見直すことによって、社会問題を解決しようという方法です。たとえば、物流を効率化すれば環境負荷を低減することができますし、社員の子育て支援を強化すれば女性の社会進出や少子化対策につながります。

　第三に、地域全体の産業立ち上げに寄与し、地域興しの支援という形で社会問題を解決するという方法です。たとえば、途上国での事業展開から、その地域全体の利益に寄与するビジネスになるとしたら、これに該当します。

　以下、事例を交えてそれぞれの方法を説明していきましょう。

# 8-2

**CSVの3つの方法①**

# 製品と市場の見直し

　第一の方法である「製品と市場の見直し」は、新製品や新市場を開拓することによって社会問題を解決しようというものです。解決すべき社会問題は多種多様ですが、代表例として次の3つが挙げられるでしょう。

- 環境関連
- 食農関連
- 少子高齢化対策

　以下、順に見ていきます。

## ☑ 環境関連事業での取り組み

　まず、環境関連事業です。前述したように、自動車メーカーによるハイブリッド車開発は、その好例です。

　トヨタ自動車は1997年、世界初の量産ハイブリッド車であるプリウスを販売開始しました。その後、トヨタ自動車は地道に販売を続け、ハイブリッド車（プラグインハイブリッド車を含む）のグローバル累計販売台数が2016年4月末までに901万4,000台となり（トヨタ自動車発表）、約20年間で1,000万台到達が見えてきました。

　ここまで量的に拡大すると、$CO_2$排出抑制等の環境負荷低減効果は無視できないほどのレベルになったといえるでしょう。昨今は、一部の富裕層の間で、プリウス等のハイブリッド車に乗ることが格好いいとみなされるようにもなっており、環境対策を時代のトレンドとして定着させた効果も大きいでしょう。その意味で、ビジネス的にも大成功をおさめたと評価できます。

202

## 図表8-4 「トヨタ環境チャレンジ2050」の6つのチャレンジ

### 1．もっといいクルマ

〈チャレンジ1〉新車$CO_2$ゼロチャレンジ

▽2050年グローバル新車平均走行時$CO_2$排出量を90％削減（2010年比）

【当面の主な取り組み・目標】

- 燃料電池自動車（FCV）の販売は、2020年頃以降は、グローバルで年間3万台以上、日本では少なくとも月に1,000台レベル、年間では1万数千台程度
- 燃料電池（FC）バスは、2016年度中に東京都を中心に導入を開始し、2020年の東京オリンピック・パラリンピックに向けて100台以上を目途に準備を推進
- ハイブリッド車（HV）の販売は、2020年までに、年間で150万台、累計で1500万台
- 2020年グローバル新車平均走行時$CO_2$排出量を22％以上削減（2010年比）

〈チャレンジ2〉ライフサイクル$CO_2$ゼロチャレンジ

▽ライフサイクル視点で、材料・部品・モノづくりを含めたトータルでの$CO_2$排出ゼロ

### 2．もっといいモノづくり

〈チャレンジ3〉工場$CO_2$ゼロチャレンジ

▽2050年グローバル工場$CO_2$排出ゼロ

【当面の主な取り組み・目標】

- 新工場と新生産ラインでは、生産1台あたりの$CO_2$排出量を、2001年比で、2020年に約半減、2030年に約1/3へ削減。さらに、再生可能エネルギーと水素の利用により2050年に$CO_2$排出ゼロ
- 工場での水素利用技術の開発を進め、2020年頃に、FCV生産ラインで導入に向けた実証を開始
- 田原工場に、2020年頃を目指して、風力発電設備の設置を推進
- 2019年メキシコ新工場生産開始時の生産1台あたり$CO_2$排出量を、約40％以上削減（2001年比）
- ブラジル工場では、2015年から、電力は100％再生可能エネルギーの利用を達成

〈チャレンジ4〉水環境インパクト最小化チャレンジ

▽各国地域事情に応じた水使用量の最小化と排水の管理

### 3．いい町・いい社会

〈チャレンジ5〉循環型社会・システム構築チャレンジ

▽日本で培った「適正処理」やリサイクルの技術・システムのグローバル展開に向けて、2016年から2つのプロジェクトを開始

〈チャレンジ6〉人と自然が共生する未来づくりへのチャレンジ

▽自然保全活動を、グループ・関係会社から地域・世界へつなぎ、そして未来へつなぐために、2016年から3つのプロジェクトを展開

出所：トヨタHPより作成

2015年10月に発表した「トヨタ環境チャレンジ2050」（前ページ**図表8-4**）では、新車の$CO_2$について「2050年までに2010年比90％削減」を目指すとしています。ハイブリッド車だけでなく、電気自動車や燃料電池自動車等の次世代自動車を本格的に投入し、環境への貢献を進めるということです。

さらに、$CO_2$自体を原料として活用して消費するという手法も開発が進められています。三井化学は、$CO_2$からのメタノール合成技術の開発を進めています。これは「$CO_2$化学的固定化技術」と呼ばれる技術で、工場等から排出される$CO_2$と水の光分解などから得られる水素でメタノールを合成し、それから石化製品を製造するというものです。$CO_2$自体を原料として消費するということですから、まさに究極の環境対策商品といえるでしょう。

省資源という点では、住友化学の取り組みも画期的です。住友化学では、100％石油外資源でつくられるタイヤ、『エネセーブ100』を開発しました。住友化学では2000年代以降、石油外資源比率を高めたタイヤを『エネセーブ』シリーズとして商品化してきましたが、2013年、ついに世界で初めて石油外資源比率100％を実現したのです。

## ☑ 食農関連事業での取り組み

高齢化社会が進むなかで、健康に関する志向が強まっています。病気を予防していかに健康に過ごすことができるかは、老若男女あらゆる世代の関心事です。また国民医療費はついに40兆円を超え（平成26年度：厚生労働省調べ）、財政上も、医療費の抑制は喫緊の課題です。

こうした背景を受けて、食農関連分野は注目を集める成長分野の1つとなっており、この分野での商品開発は続々と進められています。「トクホ」の通称ですっかり有名になりましたが、消費者庁許可のもとで保健効果を表示できる特定保健用食品制度を推進するなど、国側も後押しを続けています。

キリンホールディングスは、2013年1月、キリンビール、キリンビバ

レッジ、メルシャンを統括する「日本綜合飲料事業」を担う会社として
キリン株式会社を立ち上げました。同社は、日本初のCSV専門部署と
して「CSV本部」を立ち上げるなど、CSVに本格的に取り組んでいます。

　CSV関連でも多様な商品開発を行なっていますが、たとえばプラズ
マ乳酸菌の研究開発は、健康増進という点で画期的なものです。プラズ
マ乳酸菌とは、従来の乳酸菌とは根本的に異なる免疫メカニズムで免疫
力を強化するものです。これまでの乳酸菌は、対ウイルスにおいて一部
の役割を担う細胞（NK細胞など）を活性化させるだけでしたが、プラ
ズマ乳酸菌は、対ウイルス免疫の司令塔ともいえるpDC（プラズマサ
イトイド樹状細胞）を直接活性化させるというものです。pDCによっ
てすべての免疫細胞を活性化させるため、総合的な免疫力強化が可能と
なります。その研究結果を受けて、『まもるチカラのみず』や『まもる
チカラのサプリ』等のシリーズを商品化するに至っています。

　またキリンでは、アルコール分0.00％のノンアルコール飲料「キリン
フリー」を商品化し、飲酒運転撲滅という社会問題にも取り組んでいま
す。交通安全運動と連動して啓発イベントを実施しつつ、アルコール分
0.00％の「ビールテイスト飲料」という新カテゴリーを確立したのです。

## 図表8-5　キリン株式会社組織図

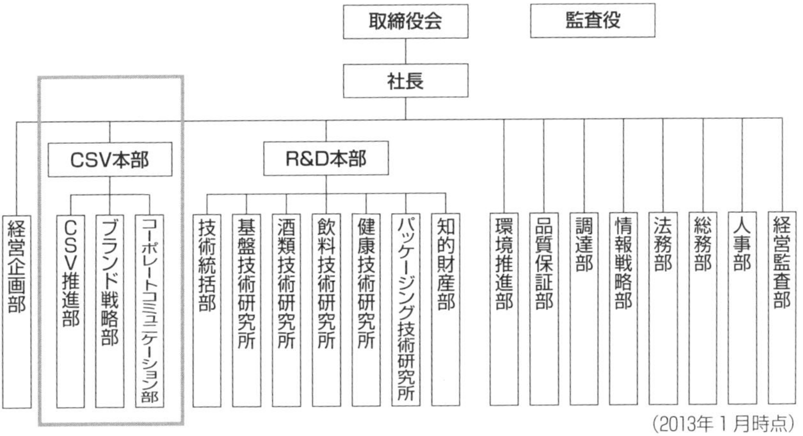

（2013年1月時点）

出所：キリンHPより作成

第8章　CSVでガバナンスは完結する

205

一方、「農業」という切り口は社会貢献につながる成長分野ということで、食品関連以外の異業種からの取り組みが見られます。製造業の海外移転によって国内空洞化が懸念されるなかで、国内工場跡地を活用したり自社の技術資源を活用したりといった形で自社の経営資源を活用しながら、植物工場を立ち上げる事例が出てきています。

　たとえば日清紡ホールディングスは、植物工場によるイチゴ栽培の量産を実現しています。2011年に徳島事業所で全国初の完全人口光型植物工場による量産栽培に成功し、その後、13年より藤枝事業所でも展開しています。本業の繊維事業で蓄積した繊維技術を活用して、吸水性や抗菌性の高い栽培地を開発しているのです。

　王子ホールディングスでは、子会社の王子グリーンリソースと農業ベンチャーのグランパとの共同事業で、植物工場による葉物野菜の量産を開始しています。パルプ原料であるユーカリやアカシアの苗木の育成促進技術を野菜栽培に活用することによって、収穫時期の短縮化を実現しています。また自社の製紙工場に隣接して展開することによって、工場廃熱や$CO_2$を栽培環境として活用するなど、環境リサイクルの観点からも有益なプロジェクトとなっています。

## ☑ 少子高齢化対策における取り組み

　2015年には、いわゆる高齢化率（65歳以上人口比率）が26.7％に達し、80歳以上人口が初めて1,000万人を超えました（2015年9月総務省発表）。わが国は世界に先駆けて、少子高齢化という社会課題解決のフロントランナーとなっています。

　高齢者関連の商品サービスとしては、たとえば「見守りサービス」が挙げられます。高齢単身者に対する対策として、鉄道会社、警備事業者、宅配事業者、IT事業者等、あらゆる業態からの参入が見られます。

　また介護という観点でいえば、介護ロボットもいよいよ実用化が見えてきました。

　一方、少子化対策としては、子育て支援事業の展開が急務です。たと

えば1993年設立のＪＰホールディングスは、もともとはアミューズメント施設でのコーヒーのワゴンサービス事業を行なっていた企業でした。そこから従業員の福利厚生として託児所を開設したのを契機に保育事業に参入したのです。その後、2010年には飲食関連事業の子会社を売却し子育て支援事業に特化、12年には東証一部に上場し、16年３月現在で224施設（保育所・学童クラブ・児童館等の合計：同社IR資料より）を運営するに至っています。

　事業転換を図り、会社全体としてCSV関連に舵を切ったユニークな事例といえるでしょう。日本で初めて年中無休の郊外型大型保育施設を開始したり、保育士育成に力を入れて保育士不足解消に尽力したりするなど、保育所運営のトップ企業としてさまざまな試みを続けています。

図表8-6　JPホールディングス運営施設数推移

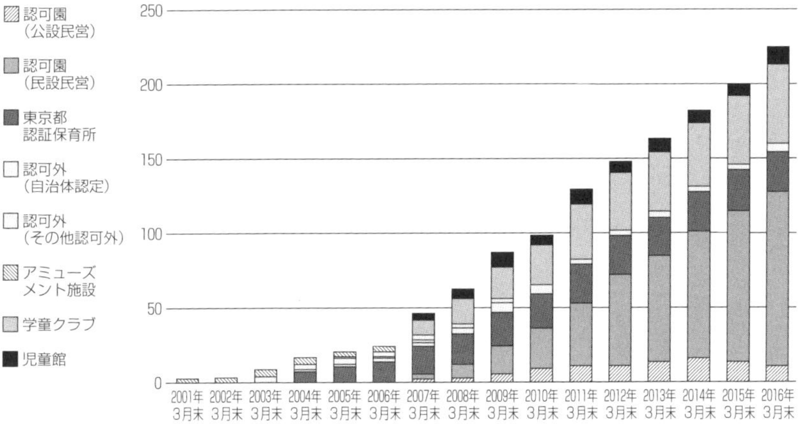

- 認可園（公設民営）
- 認可園（民設民営）
- 東京都認証保育所
- 認可外（自治体認定）
- 認可外（その他認可外）
- アミューズメント施設
- 学童クラブ
- 児童館

出所：JPホールディングスIR資料より作成

# 8-3

## CSVの３つの方法②
# バリューチェーン生産性の再定義

　CSVの第二の方法は、既存のバリューチェーン（例：調達⇒生産⇒物流⇒販売）を見直すことによって、社会問題を解決しようという方法です。つまり、事業自体変えることなくそのまま継続するものの、そのやり方を変えて効率化することによって、社会や環境への貢献につなげていこうというものです。第一の方法「製品と市場の見直し」が「What（何を新しくやるのか）」の観点であるのに対し、第二の方法「バリューチェーン生産性の再定義」は「How（どのようにやるのか）」の観点であるといえます。

　代表例としては、次の３つが挙げられます。

- サプライヤー支援
- 環境負荷低減
- 従業員生産性向上

　以下、順に見ていきましょう。

### ☑ サプライヤーを支援する

　まず、自社にとって原材料のサプライヤーというステークホルダーに注目するということです。原材料を供給する立場になるサプライヤーは相対的に交渉力が弱く、価格や品質面で難しい要求を求められることが往々にしてあるものです。とくに一次産品を扱っている農家は、もともと自然条件によって収穫が左右されるだけでなく、小規模なところも多く、収益が不安定になりがちです。

　しかしサプライヤーである農家経営が不安定となれば、自社のバリュ

ーチェーン自体が不安定となってしまいます。サプライヤーの安定は、食の安全確保や食料自給率向上という社会課題解決になるばかりでなく、自社ビジネスの安定につながるという点で、社会的価値と経済的価値が両立するCSVテーマということになります。

たとえば伊藤園は、茶産地育成事業を推進しています。同社ビジネスにとって茶栽培農家は、いうまでもなくきわめて重要なステークホルダーです。そこで1970年代から、契約栽培に努めています。茶栽培農家と個別に契約締結し、茶葉の全量買取を保証するとともに、技術指導や情報提供を行なっているのです。まさしく、茶栽培農家という重要ステークホルダーの経営安定を図り、自社とのWin-Win関係を実現しています。

さらに2001年からは、新産地事業も開始しています。同社が『缶入り煎茶』(『お〜いお茶』の前身)を販売開始した1985年から30年経過し、その間に国内の茶園面積は3分の2程度に減少しています。農家の高齢化や経営不安定によって耕作放棄地が増加しており、大きな問題となっ

## 図表8-7　伊藤園の茶産地育成事業

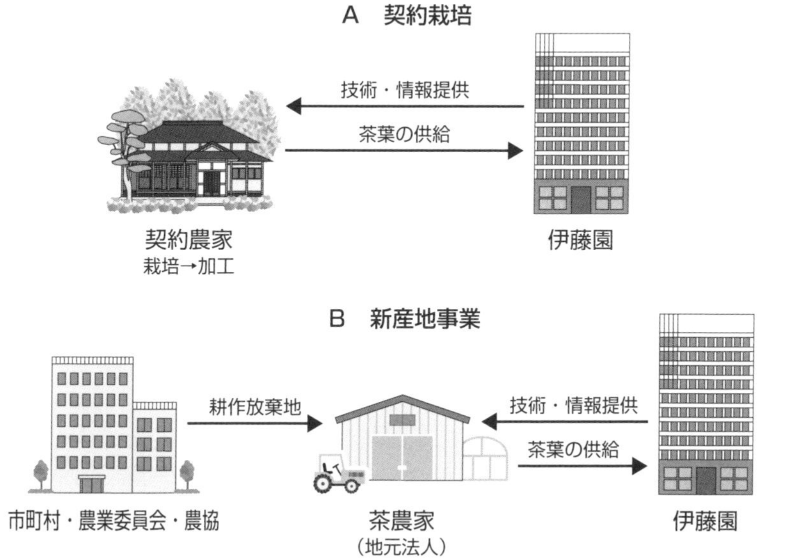

### A　契約栽培

技術・情報提供

茶葉の供給

契約農家
栽培→加工

伊藤園

### B　新産地事業

耕作放棄地

技術・情報提供

茶葉の供給

市町村・農業委員会・農協

茶農家
(地元法人)

伊藤園

出所：伊藤園公表資料より作成

ていました。そこで同社は、新産地事業として、国内の耕作放棄地など
を利用した大規模な茶園造成に取り組んだのです。茶園の造成および茶
葉生産は地元の市町村や事業者主体で実施してもらい、伊藤園サイドが、
技術指導や情報提供を行なうとともに、茶葉の全量買取を保証するとい
うスキームです。茶栽培農家の減少という社会問題を解決し、食料自給
率向上を実現しようという試みといえます。これらの取り組みが評価さ
れ、伊藤園は2015年5月、日本経済新聞社主催の『第3回 日経ソーシ
ャルイニシアチブ大賞 企業部門賞』を受賞しています。

　外食業界からも同様なアプローチが見られます。「塚田農場」や「四
十八漁場」等の居酒屋チェーンを展開するエー・ピーカンパニーは、食
品の生産（一次産業）から流通（二次産業）、販売（三次産業）に至る
までのすべてを一貫して手がける独自の『生販直結』という六次産業化
ビジネスモデルを展開しています。

　地鶏を売り物にする同社は、全国各地に自社養鶏場を設立するととも
に周辺農家と直接契約をしています。これによって食の安全安心を確保
するとともに、全量買取契約によって農家の経営安定にも寄与していま
す。また「漁師直送」システムによって全国の漁師との提携を進めてい
ます。昨今は各国の乱獲によって水産資源が激減していると指摘されて
いるなかで、当社は水産資源確保という社会的課題解決に向けて、持続
可能漁法（一本釣りや定置網漁法など、適正量のみ獲る方法）を行なう
漁家との契約を進めています。

## ☑ 環境負荷低減への取り組み

　消費者ニーズに対応したいがために、かえって多頻度小口配送や過剰
包装等による資源エネルギーの浪費が問題となっています。これらを解
決するには、対症療法的な対策では限界があり、バリューチェーン全体
を効率化することが必要となります。

　海外の事例ですが、たとえばアメリカのウォルマートは、包装簡素化
と配送ルートの最適化によって、物流量を増やしながら環境負荷低減を

図っています。その結果、年間2億ドルのコスト削減を実現しています。また、英国小売のマークスアンドスペンサーは、2007年より「プランA」という長期的なサステナビリティ戦略を掲げ、継続的な活動を続けています。同社の報告書「2016 Plan A Report」によると、2015年段階で、店舗・倉庫でのエネルギー使用量を39%削減、水使用量を31%削減したとのことです。

　一方、日本でも、物流効率化によってエネルギー利用を効率化しようという動きが出ています。たとえばビール業界では、環境負荷低減のために、共同配送やパレット共同活用等の形で、同業内で連携を進めて、物流効率化を図っています。


## ☑ 従業員の生産性向上への取り組み

　バリューチェーン生産性向上のベースとなるのは、やはり「ヒト」です。従業員の生産性を向上させるには、職場環境を改善し、ワークライフバランスを実現することが必要です（第4章参照）。女性活用や高齢者活用ということも、この観点からとらえることが可能です。

　従業員の生産性向上という点で、昨今注目されているのが「健康経営」というテーマです。従業員の健康状態が生産性に直結するというのはいうまでもなく、企業サイドが従業員の健康促進を経営活動の一環として取り入れ、積極的に支援していこうということです。

　日本再興戦略の1項目として「世界最先端の健康立国へ」が挙げられている関係から、経済産業省は2014年度より、東京証券取引所と共同で、健康経営に戦略的に取り組んでいる企業を「健康経営銘柄」として選定しています（2016年1月には「健康経営銘柄2016」として2回目を実施）。

　たとえば、当銘柄の1社である東燃ゼネラルでは、各種施策の結果、1人当たりの年間医療費については、14年度は10年度と比較して、約3万円減少しているとのことです。

### 図表8-8 「健康経営銘柄2016」選定企業25社

| 銘柄コード | 企業名 | 業種 | 備考 |
|---|---|---|---|
| 1911 | 住友林業 | 建設業 | 初選定 |
| 2120 | ネクスト | サービス業 | 初選定 |
| 2502 | アサヒグループホールディングス | 食料品 | 連続選定 |
| 2651 | ローソン | 小売業 | 連続選定 |
| 3591 | ワコールホールディングス | 繊維製品 | 初選定 |
| 4452 | 花王 | 化学 | 連続選定 |
| 4507 | 塩野義製薬 | 医薬品 | 初選定 |
| 4543 | テルモ | 精密機器 | 連続選定 |
| 4902 | コニカミノルタ | 電気機器 | 連続選定 |
| 5012 | 東燃ゼネラル石油 | 石油・石炭製品 | 連続選定 |
| 5108 | ブリヂストン | ゴム製品 | 連続選定 |
| 5332 | ＴＯＴＯ | ガラス・土石製品 | 連続選定 |
| 5406 | 神戸製鋼所 | 鉄鋼 | 連続選定 |
| 5947 | リンナイ | 金属製品 | 初選定 |
| 7012 | 川崎重工業 | 輸送用機器 | 連続選定 |
| 7013 | ＩＨＩ | 機械 | 初選定 |
| 7862 | トッパン・フォームズ | その他製品 | 初選定 |
| 8001 | 伊藤忠商事 | 卸売業 | 初選定 |
| 8566 | リコーリース | その他金融業 | 初選定 |
| 8601 | 大和証券グループ本社 | 証券・商品先物取引業 | 連続選定 |
| 8766 | 東京海上ホールディングス | 保険業 | 初選定 |
| 8860 | フジ住宅 | 不動産業 | 初選定 |
| 9005 | 東京急行電鉄 | 陸運業 | 連続選定 |
| 9201 | 日本航空 | 空運業 | 連続選定 |
| 9719 | ＳＣＳＫ | 情報・通信業 | 連続選定 |

※「連続選定」とは初回から連続して選定された企業
出所：経済産業省HPより作成

# 8-4

## CSVの３つの方法③
## 地域支援の産業クラスター形成

　CSVの第三の方法は、地域全体に広がる産業クラスターを形成して、地域経済を振興していこうというものです。その意味ではより波及効果の大きい方法といえるでしょう。大きく次の２つに分けられます。

- **海外での地域支援**
- **国内での地域支援**

　以下、例を挙げて説明していきます。

### ☑ 海外での地域支援

　海外での地域支援については、産業が未成熟の途上国での産業クラスター立ち上げが中心となります。

　有名な例としては、ヤマハ発動機の試みが挙げられます。同社は、1960年代より長年にわたり、アフリカで船外機ビジネスを拡大するために、現地の漁業ビジネス立ち上げを支援しています。漁法や加工方法を指導したり、造船工場建設を支援したり、さまざまな形でのビジネス支援を行なっています。このように、アフリカでの漁業ビジネスの振興と自社のビジネス拡大とを両立させることに成功しており、サブサハラ（サハラ砂漠より南の地域）での同社シェアは75％にのぼるともいわれています。

　ファーストリテイリング（ユニクロ）の試みも挙げておきます。ファーストリテイリングは2010年、グラミン銀行と共同事業でバングラデシュでグラミンユニクロを立ち上げました。まず生産面で、バングラデシュ国内で素材を調達し、現地工場で生産を行ないます。販売面では、グ

第8章
CSVでガバナンスは完結する

213

ラミンレディによる委託販売としました。グラミンレディは農家への訪問販売をしたり、自分の家で販売したりなどの形で、販売を拡大していきました。顧客層も当初は貧困層対象でしたが、ダッカ市内に店舗展開するなど、徐々に中間層をも対象とするようになっています。

こうして同社は、商品企画から素材調達、生産、販売に至るまで、アパレルビジネスの産業クラスターをバングラデシュに形成し、雇用を創出し、経済発展に貢献してきたのです。

図表8-9　グラミンユニクロのビジネスモデル

出所：グラミンユニクロHPより作成

## ☑ 国内での地域支援

国内での産業クラスター強化も重要なテーマです。昨今は地方創生がキーワードとなっているだけでなく、震災復興も産業振興という観点が求められています。

前述のキリンでは、「復興応援 キリン絆プロジェクト」として、2011年の東日本大震災以降、さまざまな形で福島の農業を応援してきました。たとえば、13年には『キリン 氷結®和梨』、15年には『キリン 氷結®福

島産桃』など、福島県産の果実を活用することによって、農業復興を図ろうとしています。

　農業・漁業の一次産業の振興という点でいえば、前述の伊藤園の茶産地育成事業やエー・ピーカンパニーの六次産業化ビジネスモデルも、同趣旨にあるものといえるでしょう。

　一方、都心でのコミュニティ形成という点は、三菱地所がエコッツェリア協会と連携して立ち上げている「3×3Lab（さんさんらぼ）」が、ユニークな試みといえます。「3×3Lab」とは、「3Gear×3rd Place Laboratory」の略とのことで、サステナビリティの3要素である「経済・社会・環境」がギアのようにかみ合って、自宅でも会社でもないサードプレイス（第三の場所）として、多種多様な人々が交流する場を意味しており、2016年現在は、東京丸の内の大手門タワー・JXビル1Fに「3×3Lab Future」として拠点が開設されています（下掲写真参照）。

　目的は、まさにCSVビジネスの創発拠点ということで、CSVビジネスの立ち上げを意図しています。「CSRイノベーションワーキング」ということで、近隣32の企業・団体による交流会を開催したり、「地球大学」という形でシンポジウムを開催したりするなど、社会問題解決に向けてさまざまな情報発信活動を続けています。東京丸の内エリアにCSVビジネス拠点を構築することによって、社会問題解決の拠点とするだけでなく、東京丸の内エリアの不動産価値を向上させることにもなるという点で、社会的価値と経済的価値の両立を目指しているといえます。

写真提供：エコッツェリア協会

# 8-5

## 中小ベンチャー企業のCSVへの取り組み

　ここまで、おもに大企業の事例を中心に説明をしてきました。そのため、CSVとは「余裕のある大企業がやるもの」というイメージをもたれた人も多いかもしれません。しかし、社会的課題解決を通じて経済的価値を獲得するという観点は、企業の大小を問うものではなく、中小企業においても当然大切なものです。たとえば「2014年版中小企業白書」でもCSVに対する記述がありますし、さらに中小企業庁では『地域課題を解決する中小企業・NPO法人　100の取組』として紹介し、そのような中小企業に対して注目をしています。

### ☑ 社会的課題に取り組む中小ベンチャー

　ベンチャー企業の中にも、社会的課題解決を全面に押し出しながら収益拡大を実現している企業があります。

　たとえば、2007年設立の日本環境設計という環境ベンチャーがありま

図表8-10　日本環境設計のリサイクルシステム

今治第一工場
綿繊維由来バイオエタノールの生産

```
        繊維製品
          │
  ┌───────┴───────┐
1 ぶどう糖        その他残さ    3
糖 （綿が糖化する） （綿以外が残る）  綿
化                          以
                            外
2 バイオ          工業利用     も
発 エタノール      コークス利用  リ
酵                発電利用     サ
                            イ
                            ク
                            ル
```

今治第二工場
携帯電話等の熱分解リサイクル

```
        携帯電話
          │
  ┌───────┴───────┐
1 残さ            再生油
油
化
2 金・銀・銅
製
錬
・
精
錬
```

出所：日本環境設計HPより作成

す。衣料品や携帯電話のリサイクルシステムを構築してきました。日本国内で事業を行なうだけでなく、16年にはインドとの提携事業も開始しました。インドで廃品として回収したPC基板を含むE-waste（電気電子機器廃棄物）を、日本国内で資源化処理するという事業です（**図表8-10**）。将来はインド全域で携帯電話を含むE-wasteの回収を行ない、年間1,500トンの資源化処理を目指すとしています。

　本事業は、新興国の廃品を回収して日本で資源として再利用するということですから、海外の環境負荷低減と日本の資源調達とに貢献しているといえます。投資家サイドからも非常に大きな注目を集めており、設立時120万円だった資本金が、100倍超に拡大しています（14億9,200万円、2016年1月現在）。株主価値の実現と株主以外の価値の実現とが両立できていることがうかがえます。

　HALVO株式会社は、環境関連資材のベンチャー企業です。同社は以前より、火山灰（シラス）を主原料とした無機質系凝集剤を扱っていました。そしてその一環として、JICA（独立行政法人国際協力機構）事業に参画し、天然無機質系殺菌機能付凝集沈降剤「H.O.H」を開発しました。これは、水と混ぜるための容器さえあれば、特別な装置なしでどこでも飲用水がつくれるというものです（**図表8-11**）。発展途上国における浄水利用が期待されており、実際にベトナムのハティン省政府からは飲料水用凝集剤として認可を受けました。この実績により各国のNGOや民間企業等でも導入検討が始まっています。

**図表8-11 「H.O.H」による浄水プロセス**

出所：HALVO HPより作成

## 8-6 「CSRからCSVへの脱却」は正しいのか

　前述のようにポーターは、CSVはCSRを超えた概念だとしました。つまりCSRからCSVへの脱却が必要という論調です。まるでCSRはもう古いと言わんばかりではあります。

　しかしそれは本当でしょうか。実はポーターの言うところのCSRは、フィランソロピー等の慈善事業に限定しているのです（前掲図表8-1）。したがって、本業とは別に付加的にやるものととらえているようです。

　CSRとは企業の社会的責任のことであり、ポーターの考えるような狭い概念ではありませんし、乗り越えるべき古い概念というわけでもありません。現に、いまだに企業の不祥事が後を絶たないわけで、現在進行形の課題であるわけです。あえていえば、CSRはあらゆる企業にとって土台とすべき概念であり、そのうえでCSVも発揮されるということがいえるでしょう（図表8-12）。

図表8-12　CSVとCSRとの関係

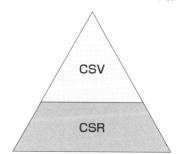

　したがって、CSVという概念が生まれたいまでも、CSRの重要性は依然として変わらないということなのです。CSRもCSVもいずれも重要ということです。その点を重ねて強調しておきたいと思います。

# 索　引

## 【あ】

委員会 46, 75
委員会等設置会社 18, 80
エコアクション21 190, 191
エージェンシー関係 67
エージェンシーコスト 67, 69
エージェンシー問題 15, 16, 67, 69, 70, 71, 73, 95
エンゲージメント 61, 119
エンロン事件 16, 18
親事業者 165, 166
オーナー企業 31, 99, 100

## 【か】

会計監査人 16, 17, 75, 77, 81
会計参与 75, 88, 89
会社法 18, 20, 23, 80, 87, 88, 89
株主主権 102, 103, 104
株主総会 72, 74, 77, 80, 84
環境マネジメント 25, 190
監査委員会 16, 46, 75, 80, 81, 82, 85
監査等委員会 20, 23, 46, 47, 74, 84, 90, 95
監査等委員会設置会社 20, 23, 46, 74, 84, 85, 90, 95
監査役 20, 44, 55, 57, 75, 76, 77, 79, 88
監査役会 15, 17, 46, 47, 55, 75, 76, 77, 79, 82
監査役会設置会社 18, 20, 46, 47, 74, 76, 77
監督機能 15, 18, 19, 90, 92

機関設計 46, 74, 77, 80, 84, 86, 99
企業価値報告書 20, 21
企業価値の向上及び公正な手続き確保のための経営者による企業買収に関する報告書 20, 21
企業行動憲章 182, 186, 187
企業統治研究会報告書 20, 21
基本原則 32, 33, 34, 40, 44, 45, 61
銀行引受私募債 175, 176
金融機関 162, 163, 167, 170, 171, 172, 173, 175
クラウドファンディング 66
グリーン調達 195
経営計画 30, 35, 47, 49
経営戦略 30, 35, 47, 141, 159
経営理念 41, 42, 44, 47, 141, 159
健康経営 211
健康経営銘柄 211, 212
公益通報者保護法 107, 108
公害対策基本法 13, 26
行動準則 30, 41, 42
公募債 175, 176
顧客満足度 121
国連グローバル・コンパクト 182, 183
コベナンツ 173, 174
コーポレートガバナンス原則 15
コーポレートガバナンス・コード 10, 19, 22, 28, 29, 30, 31, 32, 35, 36, 62
コンプライアンス違反 107, 109, 110
コンプライ・オア・エクスプレイン 22, 31, 32, 34

## 【さ】

債権者·····················11, 40, 162, 163

最高経営責任者·····················59, 60

サステナビリティ（サステナビリティー）
·····················41, 184, 211, 215

サプライチェーン·········118, 156, 195, 196

サプライヤー·········178, 179, 195, 196, 208,
209

産業クラスター·····················201, 213, 214

残余コスト·····················70

下請代金支払遅延等防止法（下請法）
·····················164, 165, 166

執行役·········30, 75, 76, 80, 81, 82, 89

資本コスト·····················50, 52, 73

指名委員会·····················75, 80, 81, 83

指名委員会等設置会社·········18, 20, 46, 74,
75, 76, 80, 81, 83, 85

社外取締役·········11, 15, 16, 17, 20, 55, 75,
81, 82, 83, 87, 88, 89, 92, 95

社外監査役·········15, 16, 19, 75, 79, 87, 88, 89

社債権者·····················163, 175

従業員主権·····················102, 103, 104

従業員満足度·····················120, 121

従業員持株制度·····················115, 116

従業員持株会·····················115, 116

少人数私募債·····················175

情報開示·········15, 32, 44, 45

情報提供機能·········167, 168, 170, 172

情報漏えい·········104, 111, 112, 113

助言機能·····················92, 93

女性管理職比率·····················137, 138

女性取締役比率·····················137, 138

所有と経営の分離·····················65, 66

シンジケートローン·····················173, 174

スチュワードシップ・コード·····21, 22, 23

ステークホルダー·····10, 11, 12, 13, 24, 25,
38, 40, 41, 61, 62, 98, 104, 179, 200

ストックオプション·····················17, 115

ゼネラル・モーターズ（GM）社···148, 149

攻めのガバナンス·········30, 95, 97

ソフトロー·····················20, 21, 22

## 【た】

対処コスト·····················70, 72, 73

ダイバーシティ·····131, 132, 133, 136, 137,
138

ダイバーシティ・マネジメント·········131

投資家·········12, 16, 17, 19, 21, 26, 52, 137

独立社外取締役·········55, 56, 87, 89, 91, 92,
93, 94, 97, 98

独立性基準·····················87, 88, 98

取締役会·········15, 16, 17, 29, 45, 46, 47, 52,
53, 55, 57, 75, 78, 79, 81, 82, 98

## 【な】

内部告発·····················105, 106, 110

内部通報制度·········105, 106, 107, 109, 110,
157

なでしこ銘柄·····················138

日本型コーポレートガバナンス·····13, 19

日本経団連·····················182, 186, 187

日本的経営·····················12, 24

日本版スチュワードシップ・コード
·····················118, 119

ネガティブ・スクリーン·····················180

ネスレ·····················155, 156

## 【は】

ハードロー·····················20, 21

バリューチェーン·····················201, 208, 210

東インド会社·····················64, 65

非上場企業·····················30, 33, 99

ビジョン ……………………159, 160
ファイナンス機能 ………167, 168, 170
フォルクスワーゲン（VW）社 ……150, 151
ブラック企業 …………………………124
プリンシプルベース・アプローチ（原則
　主義）………………………………31, 32
文化振興 ………………………………189
報酬委員会 …………………75, 80, 81, 86
ポジティブ・スクリーン …………………180
ポーター ………………………198, 199, 201
ボンディングコスト ……………………73

## 【ま】

守りのガバナンス …………………………96
メインバンク ……13, 14, 167, 168, 169, 170
メンタルヘルス …………………………128
モニタリング機能 ………167, 168, 169, 170
モニタリングコスト ……………………72

## 【や】

雪印集団食中毒事件 …………144, 145, 147
雪印食品牛肉偽装事件 …………152, 154

## 【ら】

労働組合 …………………………117, 118, 119

連合（日本労働組合総連合会）……118, 119

## 【わ】

ワークライフバランス ………122, 125, 126,
　127, 129, 130

## 【アルファベット】

CSR（corporate social responsibility）
　………24, 25, 26, 178, 179, 180, 181, 182,
　184, 195, 196, 198, 199, 218
CSV（Creating Shared Value）………198,
　199, 200, 201, 202, 205, 208, 213, 216,
　218
ESG投資 ……………………26, 180, 181
GRIガイドライン ……………182, 184, 185
ISO14001……………………………25, 190
ISO26000……………25, 142, 144, 182, 184
J-SOX法…………………………………19
ROA（総資産営業利益率）…………50, 51
ROE（自己資本利益率）……47, 50, 51, 52
ROIC（投資収益率）……………………71, 73
SOX法（サーベンス・オクスリー法）
　…………………………………………17, 19
SRI投資（SRI）……………26, 180, 181

## 執筆者一覧

### 【編著者】

**手塚 貞治**（てづか さだはる）　監修および第8章担当
㈱日本総合研究所 リサーチ・コンサルティング部門 成長戦略グループ 部長／プリンシパル。東京大学大学院総合文化研究科博士課程修了。NTTを経て現職。専門は成長企業に対する経営戦略、事業計画策定、IPO支援、IR支援、ワークショップ支援など。

### 【執筆者】（五十音順）

**粟田 輝**（あわた あきら）　第6章担当
㈱日本総合研究所 リサーチ・コンサルティング部門 成長戦略グループ シニアマネジャー。慶應義塾大学大学院理工学研究科開放環境科学専攻修了。専門領域は、経営計画策定および推進支援。海外におけるビジネス推進に役立つ各種セミナーや執筆を複数実施。

**小幡 京加**（おばた きょうか）　第2章・第4章担当
㈱日本総合研究所 リサーチ・コンサルティング部門 成長戦略グループ コンサルタント。一橋大学大学院商学研究科経営学修士課程修了。専門は経営計画策定および推進支援、業務実態調査・業務見直し支援、市場分析・消費者調査、新規事業・販売戦略検討支援、女性活躍推進支援など。

**加藤 大樹**（かとう だいき）　第1章担当
㈱日本総合研究所 リサーチ・コンサルティング部門 成長戦略グループ アソシエイト。東京工業大学大学院理工学研究科材料工学専攻修士課程修了。さまざまな分野における成長戦略に従事し、中期経営計画策定、業務改革、BCP策定等の案件に参加。

**高津 輝章**（こうづ てるあき）　第7章担当
㈱日本総合研究所 リサーチ・コンサルティング部門 成長戦略グループ シニアマネジャー／公認会計士。一橋大学大学院商学研究科経営学修士課程修了。入社以来一貫して企業の成長戦略に関連したコンサルティング業務に従事。新規事業立案・推進、経営計画の策定、事業・組織再編、M&A戦略立案、資本政策検討などのテーマで活動。

**戸塚 奈緒子**（とつか なおこ）　第4章担当
㈱日本総合研究所 リサーチ・コンサルティング部門 成長戦略グループ コンサルタント。筑波大学第三学群国際総合学類卒業。三井住友銀行入行後、㈱日本総合研究所着任。企業の成長戦略策定、国・地方自治体における産業活性化・産学連携、日系企業の海外展開に関する調査研究業務に従事。

**野尻 剛**（のじり つよし）　第3章担当
㈱日本総合研究所 リサーチ・コンサルティング部門 成長戦略グループ シニアマネジャー／公認会計士。慶應義塾大学経済学部卒業。監査法人を経て現職。自動車産業を始めとしたメーカーの経営戦略に関するプロジェクト実績多数。組織力の発揮を研究テーマとし、成長戦略、事業再編、経営管理、経営承継、次世代リーダー人材育成・活用などのコンサルティング業務に従事。

**堀内 くるみ**（ほりうち くるみ）　第5章担当
㈱日本総合研究所 リサーチ・コンサルティング部門 成長戦略グループ コンサルタント。ケンブリッジ大学大学院化学工学科修士課程修了。企業のビジョンづくり、経営戦略・事業戦略策定支援、マーケティング戦略策定支援、ビジネスモデル再構築支援などのコンサルティングを中心に活動。

手塚貞治（てづか　さだはる）
㈱日本総合研究所 リサーチ・コンサルティング部門 成長戦略
グループ 部長／プリンシパル。東京大学大学院総合文化研究科
博士課程修了。NTTを経て現職。専門は成長企業に対する経営
戦略、事業計画策定、IPO支援、IR支援、ワークショップ支援な
ど。『戦略フレームワークの思考法』『『フォロワー』のための競争
戦略』（いずれも日本実業出版社）、『経営者のためのIPOを考え
たら読む本』（すばる舎リンケージ）など著書多数。

この1冊ですべてわかる

## コーポレートガバナンスの基本

2017年2月10日　初版発行

編著者　**手塚貞治** ©S.Tezuka 2017
発行者　**吉田啓二**

発行所　株式会社**日本実業出版社**　東京都新宿区市谷本村町3-29 〒162-0845
大阪市北区西天満6-8-1 〒530-0047

編集部 ☎03-3268-5651
営業部 ☎03-3268-5161　　振 替　00170-1-25349
http://www.njg.co.jp/

印刷／壮光舎　　製本／若林製本

この本の内容についてのお問合せは、書面かFAX（03-3268-0832）にてお願い致します。
落丁・乱丁本は、送料小社負担にて、お取り替え致します。

ISBN 978-4-534-05470-8　Printed in JAPAN

## 日本実業出版社の本

## 経営戦略・組織がわかる1冊

手塚 貞治＝著
定価 本体 1800円（税別）

手塚 貞治＝編著
定価 本体 1600円（税別）

㈱日本総合研究所
経営戦略研究会＝著
定価 本体 1500円（税別）

手塚 貞治＝著
定価 本体 1600円（税別）

神川 貴実彦＝編著
定価 本体 1500円（税別）

北地 達明・北爪 雅彦・
松下 欣親＝編
定価 本体 2800円（税別）

定価変更の場合はご了承ください。